KB055204

01

Abnormal Psychology

이상심리학 총론

권석만 지음

_ 이상심리와 정신장애의 이해

'이상심리학 시리즈'를 내며

21세기를 살아가는 우리는 급격한 변화와 치열한 경쟁으로 이루어진 현대사회에 적응해야 하는 커다란 심리적 부담을 안고 있다. 이러한 현실 속에서 현대인은 여러 가지 심리적 문제와 장애에 직면하게 될 가능성이 높다.

정신건강에 대한 사회적 관심이 증대되면서, 이상심리나 정신장애에 대해서 좀 더 정확하고 체계적인 지식을 접하고자 하는 사람들이 늘어나고 있다. 그러나 막상 전문서적을 접하게 되면, 난해한 용어와 복잡한 체계로 인해 쉽게 이해하기 어려운 것이 현실이다.

이번에 기획한 '이상심리학 시리즈'는 그동안 소수의 전문가에 의해 독점되다시피 한 이상심리학에 대한 지식을 일반 독자들에게 소개하기 위한 것이다. 이를 위해서 다양한 정신장애에 대한 최신의 연구 내용을 가능한 한 쉽게 풀어서 소개하려고 노력하였다.

‘이상심리학 시리즈’는 서울대학교 심리학과 임상 · 상담 심리학 교실의 구성원이 주축이 되어 지난 2년간 기울인 노력의 결실이다. 그동안 까다로운 편집 지침에 따라 집필에 전념해준 집필자 모두에게 감사드린다. 아울러 어려운 출판 여건에도 불구하고 출간을 지원해주신 학지사 김진환 사장님과 한 권 한 권마다 좋은 책이 될 수 있도록 성심성의껏 편집을 해주신 편집부 여러분에게 고마움을 표한다.

인간의 마음은 오묘하여 때로는 “아는 게 병”이 될 수 있다. 그러나 이러한 우려보다는 “아는 게 힘”이 되어 보다 성숙하고 자유로운 삶을 이루어나갈 수 있는 독자 여러분의 지혜로움을 믿으면서, ‘이상심리학 시리즈’를 세상에 내놓는다.

2000년 4월

서울대학교 심리학과 교수

원호택, 권석만

2판 머리말

'이상심리학 시리즈' 30권과 함께 『이상심리학 총론』을 출간한 지 어느새 15년여의 세월이 흘렀다. 그동안 세상은 많이 변했고 이상심리학 분야에도 많은 발전이 있었다. 특히 2013년에는 정신장애의 대표적 분류체계인 DSM의 개정판이 출간되었다. 1994년에 발간된 DSM-IV가 20년 만에 DSM-5로 개정되면서 대폭적인 변화가 있었다. DSM-5에서는 다축 진단체계가 폐기되었고, 정신장애가 20개 범주로 새롭게 분류되었으며, 세부장애의 소속과 진단기준도 상당부분 변경되었다. 이처럼 대폭적으로 개정된 DSM-5의 정신장애 분류체계를 반영하고 최근에 이루어진 이상심리학의 변화를 소개하기 위해서 개정판을 출간하게 되었다.

이 책 초판의 공저자인 원호택 교수님께서는 2001년에 정년퇴직을 하셨으며 2판의 개정작업은 교수님의 바람에 따라 필자가 홀로 진행하게 되었다. 그동안 임상심리학이라는 학문의 길로 이끌어주시고 인생의 고비마다 지혜로운 가르침을 주셨던 원호택 선생님께 이 자리를 빌려 깊이 감사드린다. 아울러 이 책을 비롯한 '이상심리학 시리즈'의 개정작업을 전폭적으로 지원해주신 학지사 김진환 사장님과 최임배 부사장님께도 심심한 감사의 마음을 전한다. 비록 작은 책이지만 이 책을 통해서 이상행동과 정신장애에 대한 독자 여러분의 이해가 깊어지기를 소망한다.

2016년

권석만

차 례

이상심리학이란 어떤 학문인가

1. 이상심리학에 대한 관심
2. 정상심리와 이상심리의 구분
3. 이상심리학의 연구주제
4. 이상심리학의 연구방법
5. 이상심리학의 역사

1. 이상심리학에 대한 관심

1) 일상에서 만나는 '이상한 사람들'

우리는 매일 많은 사람을 만나면서 살아간다. 우리가 만나는 사람들은 각기 나름대로의 독특한 개성을 지니고 있다. 백인백색百人百色이라는 말이 있듯이, 인간은 외모뿐만 아니라 성격과 행동하는 방식이 저마다 다르다. 이러한 개성의 차이가 때로는 상대방에 대한 호감과 호기심을 불러일으키기도 하지만 때로는 이질감과 거부감을 유발하기도 한다. 이러한 삶의 현실 속에서 우리는 다양한 개성을 지닌 사람들을 이해하고 적절하게 대응하려는 노력을 기울이게 된다.

그러나 우리는 일상생활을 하면서 종종 '이해하기 힘든' '이상하다'는 느낌을 갖도록 만드는 사람들을 만나게 된다. 상식적으로 도저히 이해할 수 없는 독특한 행동을 할 뿐만 아니라 강한 개성 때문이라고 여기기에도 너무 부적절한 모습을 나타내어 그들의 정신 상태가 '비정상적'이거나 '병적'이라고 여기게 만드는 사람들이 있다. 이렇게 '이상하다'는 느낌을 갖게 만드는 사람들의 몇 가지 예를 살펴보자.

미모의 여대생인 S양은 이성관계가 매우 불안정하며, 남자친구들과의 관계가 몇 달을 가지 못하고 늘 불행한 결과를 초래하며 헤어지게 된다. 처음에는 상대방에게 매혹되어 급속하게 뜨거운 애정을 느끼게 되지만, 상대방이 항상 자기 옆에 있어 주기를 원하고 자신에 대한 애정을 수시로 확인하려 하며 조금만 섭섭하게 해도 심하게 분노를 느낀다. 이럴 때는 상대방의 열등감을 자극하는 가혹하고 모욕적인 말을 해서 남자친구에게 심한 마음의 상처를 준다. 그녀도 자신의 이런 점을 자각하고 있으며 그렇게 하지 않으려고 노력하지만, 남자친구를 만나면 자기도 모르게 이런 행동들이 나타나서, 남자친구를 사귈 때마다 불행한 결과를 초래하며 헤어지는 일이 반복되었다.

대기업 중견사원인 K씨는 유능하고 예의 바르며 성실한 사람으로 알려져 있다. 그런데 K씨는 하루에도 수십 번씩 집으로 전화를 걸어 부인의 거취를 확인하곤 한다. 직장에만 나오면 부인이 다른 남자를 만나 부정한 관계를 맺을 것이라는 의심을 지울 수가 없기 때문이다. 이런 의심 어린 눈으로 보기 때문에 부인의 사소한 행동들이 모두 부정한 행동으로 여겨지게 되었다. 부인의 부정에 대한 의심은 이제는 확신 수준에까지 이르렀고, 부인의 행동에 대해 꼬치꼬치 따지고 심지어 구타까지 하게 되었다. K씨의 부인은 남편의 오해를 바꾸기 위해 온갖 노력을 했으나 오히려 의심은 강화되고 구타당하는 일이 반복되자 급기야 이혼소송을 제기하였다.

명문 대학의 대학원생인 Y양은 수면제 수십 알을 먹고 동네 뒷산에서 자살을 기도하였다. 마침 새벽에 산을 오르던 등산객에게 발견되어 생명은 건지게 되었지만, Y양은 자살할 생각을 버리지 않았다. 한 학기 전 졸업논문을 준비하던 Y양은 발표한 논문 계획안이 부실하다는 이유로 기각되었다. 성장 과정에서 한 번도 학업에서의 실패를 경험하지 않았던 Y양에게 이 사건은 커다란 충격이었다. 그녀는 자기 자신에 대한 회의와 더불어 비관적인 생각에 빠져들게 되었으며, 논문에 실패한 자신을 다른 사람들이 비웃고 조롱하는 것처럼 느껴졌다.

그녀는 졸업논문을 다시 준비하는 과정에서 자신감을

잃게 되었으며, 자신은 졸업하지 못할 것이라는 비관적인 생각과, 그동안 자신이 커다란 착각 속에서 살아왔다는 자괴감에 빠져들게 되었다. 이렇게 무기력한 자신이 험난한 사회에 적응하지 못하고 그동안 고생하신 부모님에게 부담만 안겨줄 것이라는 비관적인 생각으로 괴로워하다가 결국 자살을 선택했던 것이다.

40대의 사업가인 M씨는 1년여 동안 거의 매일 밤 편안하게 잠을 이룰 수가 없다. 잠자리에 누우면 자신의 심장이 비정상적으로 뛴다는 느낌을 갖게 되고, 이러다가 심장마비로 죽지 않을까 하는 두려움을 지울 수가 없기 때문이다. M씨는 1년 전 사업자금을 융자받기 위해 은행에서 지점장 면담을 불안하게 기다리던 중 갑자기 심장이 평상시와 달리 심하게 뛰고 불규칙한 박동을 느끼게 되었다. 이때 그는 심장마비가 온 것이라는 생각이 들었고, 그러자 심장은 더욱 심하게 뛰었으며 곧 죽을지 모른다는 심한 공포에 휩싸여 병원 응급실로 달려간 적이 있다. 병원에서 검사를 한 결과 정상이라는 판정을 받았음에도 불구하고 거의 매일 밤이면 심장이 신경 쓰이고 심장마비가 걱정되어 잠을 이루지 못하였다.

평소에 조용하고 착실하던 고등학생 K군이 최근에 이상한 행동을 하기 시작했다. 부모의 말에 따르면, 6개월여 전부터 집에 들어오면 방에 틀어박혀 나오지 않고 가족들과도 거의 말을 하지 않았다고 한다. K군은 방에 책을 여러 권 펴놓고 멍하게 앉아있거나 노트에 알 수 없는 내용의 낙서를 하고 있는 경우가 많았다. 최근에는 외계인이 자신에게 이상한 신호를 보낸다며 횡설수설하고 가족에게 TV 시청과 라디오 청취를 못하게 하고 전화도 받지 말라고 요구했다. 가족들이 자세히 캐묻자, K군은 "외계인이 지구를 침입하여 멸망시키려는 계획을 세우고 있는데 지구에 대한 정보를 얻기 위해 나를 정보원으로 만들려고 한다"고 주장했다. 또한 "지구가 곧 멸망할지 모른다" "국가원수회의를 소집해 대비해야 한다" "빨리 다른 별로 도망가야 한다"는 등 횡설수설하였다.

초등학교 1학년인 J군의 부모는 요즘 걱정이 많다. 평소 부산하고 장난이 심하긴 해도 총명하던 J군이 초등학교에 들어가고 나서 여러 가지 문제를 일으켜 자주 학교에 불려가게 되었기 때문이다. 담임교사의 말에 따르면, 수업시간에도 주의를 집중하지 못할 뿐만 아니라 자리에 가만히 앉아있지 못하고 떠들며 옆에 앉은 아이를 건드리고 때리는 행동을 하여 수업을 진행할 수 없다는 것이다. 부모의 간곡한 부탁으로 담임교사가 J군에게 특별히 배려를 하며 수업을 진행해보았지만 개선되는 조짐이 전혀 나타나지 않았다. 부모는 야단도 쳐보고 달래보기도 했지만 J군의 행동이 변하지 않아 최근에는 특수학교로 전학시킬 것을 고려하고 있다.

이상에서 몇 가지 사례를 살펴보았다. 이 밖에도 우리가 주변에서 접하게 되는 '이상한 사람들'은 매우 다양하다. 우리는 길거리에서도 며칠씩 세수를 하지 못한 듯한 시커먼 얼굴로 멍하게 서서 혼자 중얼거리며 킬킬대거나 때로는 지나가는 사람과 하늘을 향해 삿대질을 하면서 고함을 지르기도 하여 사람들을 놀라게 만드는 사람들을 드물지 않게 만나게 된다. 또 한편에서는 지나치게 난폭하고 무책임하며 사소한 일에도 심한 폭력을 휘두르고 잔혹한 행동을 상습적으로 일삼는 사람, 알코올이나 마약에 중독되어 자기 자신뿐만 아니라 가정까지 파괴하는 사람, 어린 아동을 상습적으로 성폭행하는 사람 등에 대한 기사를 매스컴에서 종종 접하게 된다.

우리는 이런 '이상한 사람들'을 접할 때마다 '이해할 수 없다'는 느낌과 더불어 여러 가지 의문을 갖게 된다. 도대체 왜 저런 행동을 하는 것일까? 그들은 본래 유전적으로 문제가 있는 사람들인가, 아니면 성장 과정에 문제가 있는 사람들인가? 성장 과정에 문제가 있다면 어떤 것들인가? 어떻게 치료하고 변화시킬 수 있을까? 이상심리학은 이처럼 매우 다양한 '이상한' 또는 '비정상적인' 행동 양상을 분류하고 그 원인 및 치유 방법을 연구하는 심리학의 한 분야다.

2) 내 마음속의 '이상심리'

앞에서 소개한 '이상한 사람들'의 사례가 우리 자신과는 상관없는 다른 사람들만의 이야기는 아니다. 우리의 가족 중에, 우리의 친구 중에, 때로는 나 자신에게도 유사한 심리적 문제가 나타날 수 있다.

우리는 때때로 사는 것이 재미가 없고 무의미하게 느껴지거나 기분이 침울해지고 의욕이 떨어지며 자꾸만 '나는 참 열등하고 무가치한 사람'이라는 생각이 들 때가 있다. 살아가면서 어렵고 힘든 좌절을 경험한 후에 이런 상태를 나타내는 것은 정상적이고 자연스러운 반응이라고 할 수 있다. 그러나 이런 상태가 몇 달 이상 계속되고 그 정도가 심해지면 우리 삶에 심각한 영향을 줄 수 있다. 이런 기분 상태에서는 침울하고 슬픈 감정이 자주 느껴지며 불행감, 공허감, 좌절감, 무기력감, 죄책감, 절망감을 느끼게 된다. 주의집중력, 사고력 및 판단력 등의 인지적 기능이 예전보다 저하되어 공부나 과제 수행도 잘 안 된다. 자기 자신과 주변 상황에 대한 부정적이고 비관적인 생각이 머리를 맴돌며 때로는 자살을 생각하기도 한다.

삶 속에는 우리를 화나고 분노하게 만드는 일들이 많다. 예를 들면, 자신의 편리와 이익만을 생각하는 이기적인 사람들, 말과 행동이 공격적이고 무례한 사람들, 강압적이고 권위주의적인 사람들, 매사에 트집을 잡고 비난을 일삼는 사람들, 상대방을 무시하고 경멸하는 태도를 보이는 사람들, 정의롭지 못하고 사악한 사회 등 이러한 사람이나 사건을 만나게 되면 '분노'라는 감정을 느끼게 된다. 분노 감정은 흥분과 긴장 상태를 수반하는 매우 불쾌한 공격적인 감정이다. 분노한 상태에서는 상대방이 밉고 싫어지며 상대방을 때리거나 소리를 지르는 등 공격하고 싶고 내가 당한 불쾌함을 갚음으로써 보복하고 싶어진다.

그러나 이러한 분노 감정을 처리하는 것이 때로는 쉽지 않다. 분노를 직접적으로 표현하고 상대방을 공격하게 되면 나 자신이 화를 잘 내는 편협한 사람으로 보일 수 있고 원만한 대인관계를 갖는 것이 어렵게 된다. 그렇다고 분노 감정을 표현하지 않고 가슴속에만 담아두면 마음이 답답해지고 울화가 치밀며 불쾌했던 일이 계속 떠오르는 등 마음이 산란해진다. 때로는 충동적으로 화를 과격하게 분출하여 심각한 문제를 만들고 뒤늦게 후회하곤 하는 경우도 있다.

우리는 때때로 불안에 시달릴 때가 있다. 왠지 분명한 이유도 없이 마음이 늘 불안하고 무언가 불길한 일이 생길 것만 같으며, 정신집중이 잘 되지 않아 일이 손에 잡히지 않을 때가 있다. 다른 사람과 함께 있을 때면 마음이 편치 않고 자신도 모르게 몸이 긴장되어 뻣뻣해지고 손발이 떨리고 심장이 자주 두근거리는 것을 느끼게 된다. 무언가 나쁜 일이 곧 벌어질 것 같은 불길한 생각을 지울 수가 없고 밤에는 악몽에 시달릴 때도 있다. 때로는 몸에 무언가 심각한 질병이 있는 것 같은 생각을 지울 수가 없으며 아무런 이상이 없다는 의사의 말도 믿을 수가 없다.

그런가 하면 때로는 입에 담기도 어려울 만큼 사악한 생각을 하기도 하고, 때로는 음란한 생각을 은밀히 즐기고 있는 자신을 발견할 때도 있다. 자신이 매우 대단한 사람처럼 느껴져서 과대망상적인 공상에 젖기도 하고, 주변 사람들이 나를 의도적으로 감시하고 괴롭히려 한다는 피해의식에 시달릴 때도 있다.

이처럼 그 정도나 빈도의 차이는 있지만 누구나 일시적으로 비정상적인 심리 상태를 경험할 수 있다. 사실 우리의 마음속을 깊이 살펴보면 매우 독특하고 기묘하며 이상하다고 느껴지는 면들이 많다. 이런 심리 상태에 있는 자신을 발견하고 '내가 왜 이럴까?' '나는 지금 어떤 심리 상태에 있는 것일까?' '혹시 내가 비정상은 아닐까?' '나에게 심각한 정신적 문제가 있는 것은 아닐까?'라는 의문을 가지며 불안을 느끼는 사람들이 많다. 많은 사람이 이상심리학에 관심을 갖는 이유도 여기에 있을 것이다. ◆

2. 정상심리와 이상심리의 구분

이상심리학은 인간의 비정상적인 이상행동을 연구하는 학문 분야다. 그렇다면 한 사람의 행동이나 심리 상태를 어떻게 '정상' 또는 '비정상'이라고 판단할 수 있는가? 그 판단 근거와 기준은 무엇인가?

인간의 행동방식은 너무나 다양해서 어떤 행동은 이상이고 어떤 행동은 정상인지를 구분한다는 것이 그리 쉽지가 않다. 전통적으로 심리학자들은 주변 환경에 적절히 적응하고 대처할 수 있는 능력을 중요한 판단 기준으로 삼아 왔다. 정상적이고 건강한 사람은 일반적으로 다음과 같은 6가지의 심리적 특성을 지닌다. 첫째, 자신이 처한 주변 현실을 정확히 파악하고 인식할 수 있다. 둘째, 자신의 능력과 심리적 상태를 자각하고 인식할 수 있다. 셋째, 자신의 행동을 스스로 조절하고 통제할 수 있다. 넷째, 있는 그대로의 자기 자신을 수용하여 존중한다. 다섯째, 다른 사람과 원만한 인간관계를 이룰 수 있다. 마지막으로, 자신의 능력을 생산적이고 효율적으로 발휘할 수 있다. 이러한 건강한 심리적 기능에 현저한 곤란이 있을 때, 우리는 일차적으로 심리장애를 생각해볼 수 있다. 그러나 이러한 기준은 매우 모호하고 일반적인 것이어서 구체적인 사례에 적용하기 어려울 때가 많다.

이상행동 또는 심리장애를 정의하는 기준은 학자마다 다르다. 그러나 많은 학자가 공유하는 학문적 기준을 몇 가지 살펴보기로 한다. 이상심리학에서 현재 보편적으로 적용되고 있는 정상성-이상성에 대한 기준은 크게 적응 기능의 저하와 손상, 주관적 불편감과 고통, 문화적 규범의 위배, 통계적 평균에서의 일탈로 나누어볼 수 있다(권석만, 2013; Kring, Davison, Neale, & Johnson, 2009).

1) 적응 기능의 저하와 손상

이상행동과 정신장애를 정의함에 있어서 가장 중요한 개념은 적응adaptation이다. 이상행동은 개인의 적응을 저해하는 심리적 기능의 손상을 반영한다. 개인의 인지적 · 정서적 · 행동적 · 신체생리적 특성이 그 사람의 적응을 저해할 때, 그러한 부적응적 특성은 이상행동으로 간주될 수 있다. 예컨대, 주의

집중력과 기억력의 현저한 저하, 과도한 불안과 우울, 무책임하거나 폭력적인 행동, 식욕과 성욕의 지속적 감퇴는 일상적인 생활뿐만 아니라 사회적 · 직업적 활동에 부적응을 초래하기 때문에 부적응적인 이상행동으로 간주될 수 있다. 이러한 이상행동은 가정이나 직장에서의 역할수행을 저해하고 타인과의 갈등을 유발함으로써 개인의 사회적 적응을 방해하기 때문이다.

그러나 적응적 기능의 저하와 손상에 의해서 정상행동과 이상행동을 판단하는 것에는 몇 가지 문제가 있다. 첫째는 적응과 부적응의 경계가 모호하다는 점이다. 과연 적응적 기능이 어느 정도 저하되고 손상되어야 이상행동으로 볼 수 있느냐는 문제가 있다. 두 번째 문제점은 적응과 부적응을 누가 무엇에 근거하여 평가하느냐는 점이다. 개인의 적응 여부는 평가자의 입장이나 평가기준에 따라 다를 수 있기 때문이다. 마지막으로, 개인의 부적응이 어떤 심리적 특성에 의해 초래되었는지를 판단하기가 어렵다는 문제점이 있다.

2) 주관적 불편감과 고통

이상행동과 정신장애를 판단하는 또 다른 기준은 주관적 불편감과 고통subjective discomfort and distress이다. 개인으로 하여금 현저한 불편감과 고통을 느끼게 하는 행동을 이상행동이라고 보는 것이다. 정신건강 전문가에게 도움을 요청하는 사람 중에는 적응의 곤란뿐만 아니라 개인적으로 경험하는 심리적 고통을 호소하는 경우가 많다. 불안, 우울, 분노, 공포, 절망과 같은 부정적 정서는 개인의 삶을 불행스럽게 만드는 대표적인 심리적 불편감과 고통이다.

주관적 불편감의 기준도 이상행동을 정의하는 데에는 몇 가지 문제점이 있다. 첫째, 심리적인 고통을 경험한다고 해서 비정상적이라고 할 수는 없다는 점이다. 사랑하는 사람이 질병으로 괴로워하거나 사망하는 경우에 심리적 고통을 느끼는 것은 지극히 당연한 정상적 경험이기 때문이다. 개인이 처한 상황에 비해서 부적절하거나 과도한 심리적 고통을 경험하는 경우에 비정상적인 것으로 여길 수 있으나, 고통의 적절성을 객관적으로 판단하기가 어렵다. 둘째, 누구나 어느 정도의 불편감과 고통을 경험하기에 얼마나 심한 고통을 비정상적인 것으로 판단하느냐 하는 문제점이 있다. 물론 개인이 견디기 어려울 정도로 심하게 느끼는 주관적인 고통이 중요한 기준이지만, 사람마다 고통을 체험하고 인내하며 표현하는 정도가 다르기 때문에 일관성 있는 기준을 적용하기가 어렵다. 마지막으로, 가장 큰 문제점은 매우 부적응적인 행동을 나타내면서도 전혀 주관적인 불편감과 고통을 느끼지 않는 경우가 있다는 점이다. 예컨대, 자신이 '재림 예수'라는 망상을 지니고 허황한 행동을 하지만 주관적인 불편감을 느끼지 못하는 정신분열증 환자나 다른 사람에게 폭력과 사기를 일삼으면서도 전혀 죄책감을 느끼지 못하는 반사회성 성격장애자도 있다.

3) 문화적 규범의 위배

모든 사회에는 그 사회에 속한 사람들이 따라야 하는 문화적 규범cultural norm이 있다. 우리 사회에는 가정, 학교, 직장 등의 다양한 사회적 상황에서 자신의 역할에 따라 취해야 할 행동규범이 존재한다. 이러한 문화적 규범에 어긋나거나 위배된 행동을 나타낼 경우에 이상행동으로 규정할 수 있다. 예를 들어, 학생은 교사에게 존댓말을 해야 하는 문화적 규범을 지닌 사회에서 학생이 교사에게 반말을 한다면 이는 이상행동으로 간주될 수 있다. 또한 처음 만난 이성에게 동의도 구하지 않은 채 포옹을 하거나 문란한 언행을 한다면 이러한 행동 역시 우리 사회의 규범으로는 용납할 수 없는 이상행동이라고 할 수 있다.

그러나 문화적 기준 역시 문제점을 지니고 있다. 첫째, 문화적 상대성의 문제다. 문화적 규범은 시대에 따라 변화하고 문화권에 따라 다르다. 어떤 한 시대나 문화권에서 정상적인 행동이 다른 시대와 장소에서는 이상행동으로 여겨질 수 있다. 둘째, 문화적 규범이 바람직하지 못할 경우에도 이를 따라야 하느냐는 문제가 있다. 문화적 규범 중에는 권력자나 사회적 강자의 이익을 강화하기 위한 것들이 많기 때문이다. 사회적 정의를 추구하거나 창조적인 사람은 자신이 속한 사회의 잘못된 규범을 비판하고 이에 저항하는 행동을 나타내는 경우가 많다.

4) 통계적 평균에서의 일탈

많은 사람의 특정한 특성(예: 키, 체중, 지능)을 측정하여 그 빈도의 분포를 그리면 종을 거꾸로 엎어 놓은 것과 같은 모양의 정상분포normal distribution를 나타내는 경향이 있다. 평균값에 해당되는 사람은 많은 반면, 평균으로부터 멀어질수록 그 수는 감소하는 추세를 나타낸다. 이처럼 평균으로부터 일탈된 특성을 비정상적인 것으로 간주하는 것이 통계적 기준statistical norm이다. 이러한 통계적 기준이 적용되는 대표적인 경우가 지적 장애intellectual disability다. 지적 장애는 지능검사의 결과에 의해서 판정되는데, 대부분의 지능검사는 평균이 100점이고 표준편차가 15점으로 구성되어 있다. 지능지수IQ가 100인 사람은 같은 또래의 평균에 해당하는 지능을 지닌 사람이다. 반면, 평균으로부터 2 표준편차, 즉 30점 이상 낮은 70점 미만인 IQ를 나타낼 경우에 지적 장애로 판정된다.

이러한 통계적 기준도 이상행동을 판별하는 데 여러 가지 한계를 지니고 있다. 첫째, 평균으로부터 일탈된 행동 중에는 바람직한 방향으로 일탈한 경우가 있기 때문이다. 예를 들어, IQ가 130 이상인 사람은 통계적 기준으로 보면 비정상적이지만 이들의 특성을 이상행동으로 간주할 수는 없다. 둘째, 통계적인 기준을 적용하려면 인간의 심리적 특성을 측정하여 그 평균과 표준편차를 확인해야 한다. 그러나 인간의 모든 행동을 측정하여 이러한 통계적 기준을 적용하는 것은 현실적으로 불가능하다. 마지막으로, 흔히 평균으로부터 2 표준편차만큼 일탈된 경우를 이상행동과 정상행동의 경계선으로 삼고 있지만 이러한 통계적 기준은 전문가들이 합의한 임의적인 경계일 뿐 이론적으로나 경험적으로 타당한 근거에 기초한 것이 아니다.

이상에서 살펴본 바와 같이, 이상행동을 규정하는 단일한 절대적 기준은 없다. 모든 기준마다 장단점을 지니고 있어서 실제적으로는 여러 가지 기준을 복합적으로 고려하여 이상행동을 판별하게 된다. 이러한 정의 방식은 '가족유사성의 원리'로 설명될 수 있다. 한 가족의 구성원들이 각기 얼굴 생김

새가 다르지만 얼굴 특성의 일부를 서로 공유하기 때문에 한 가족임을 알 수 있듯이, 대부분의 이상행동은 앞에서 소개한 모든 기준에 해당하지는 않지만 몇 가지 기준을 공통적으로 충족시키고 있는 경우가 많다. ◆

용어 정리

비정상성에 대한 여러 가지 기준에 의해서 판단된 심리적 현상은 여러 가지 용어(예: 이상심리, 이상행동, 부적응행동, 심리적 문제, 정신장애, 심리장애 등)로 기술되고 있다. 독자의 혼란을 줄이기 위해 간략히 용어에 대한 설명을 하고자 한다.

이상심리abnormal psychology는 심리학자들이 비정상적 심리 현상을 지칭하기 위해 가장 광범위하게 사용하는 용어다. 외현적으로 드러난 비정상적 행동뿐만 아니라 내면적으로 진행되는 비정상적인 심리적 과정을 포함하여 이상심리라고 지칭한다.

이상행동abnormal behavior은 심리학의 엄격한 과학화를 지향하는 행동주의 심리학의 전통에서 나온 용어다. 행동주의 심리학에서는 과학적으로 검증될 수 없는 모호하고 추론된 개념을 지양하고 객관적으로 관찰할 수 있고 측정 가능한 구체적인 심리적 현상, 즉 행동을 심리학의 연구 대상으로 삼아야 한다고 주장한다. 이러한 관점을 지닌 사람들은 이상심리라는 용어보다는 이상행동이라는 용어를 선호한다.

부적응행동maladaptive behavior은 적응을 개인과 환경의 원활한 상호작용이라고 보는 관점에서 특히 환경적 요구에 적절히 대응하지 못하여 여러 가지 문제를 야기하는 개인의 행동을 지칭하는 용어라고 할 수 있다.

심리적 문제psychological problem는 개인의 심리적 상태 중에서 해결해야 할 문제라고 생각하는 상태를 지칭하며, 흔히 심리치료나 상담장면에서 사용되는 용어라고 할 수 있다.

정신장애mental disorder는 생물의학적 전통에서 나온 용어로서, 비정상적인 심리 상태를 질병 또는 장애라고 보는 관점이 포함되어 있다. 이러한 관점에서 비정상적 심리 상태는, 신체적 질병과 마찬가지로 어떤 내부적 실체(예: 유전, 뇌손상과 같은 신체적 원인)에 의해서 유발된 심리적 증상으로서 내부적 실체의 특성에 따라 장애마다 독특한 증상 패턴과 진행 과정을 나타내며 치료되어야 할 병적인 상태로 본다.

정신장애는 때로는 심리장애psychological disorder 또는 정신질환mental illness이라는 용어로 사용되기도 한다. 그리고 일반인들은 정신병이라는 용어를 정신장애나 정신질환과 구별없이 일상적으로 많이 사용하는 경향이 있다. 그러나 정신병이라는 용어는 정신장애 중에서 현실판단력이 극히 손상되어 심각한 부적응을 나타내는 장애(예: 정신분열증 등)를 지칭한다. 과거에는 'psychosis'라는 용어를 신경증neurosis과 구분하여 정신병이라고 번역하여 사용하였으나 최근에는 '정신증'이라는 용어로 사용하는 추세에 있다.

이렇듯이, 비정상적 심리 상태를 지칭하는 용어는 이론적 관점과 맥락에 따라 다양하게 사용되고 있다. 이 책에서는 이상심리, 이상행동, 정신장애라는 용어를 언급되는 맥락에 따라 적절하게 사용할 것이다.

3. 이상심리학의 연구주제

이상심리학은 인간을 불행으로 몰아넣는 이상행동과 정신장애를 이해하고 치료하는 경험과학empirical science이다. 이상심리학은 경험과학으로서 이상행동과 정신장애라는 현상을 기술하고 분류하는 동시에 그 원인을 밝히는 데 가장 커다란 관심을 지니고 있다. 나아가서 이상행동과 정신장애의 진행과정을 예측하고 심리적 개입을 통해서 그 과정을 긍정적으로 변화시키는 치료와 예방을 궁극적인 목표로 하고 있다.

1) 이상행동의 발견과 분류

이상심리학의 가장 일차적인 기능은 인간을 불행과 부적응 상태에 빠뜨리는 이상행동과 정신장애가 어떤 현상으로 나타나는지를 관찰하고 발견하여 기술하는 일이다. 이는 그동안 학문적으로 주목받지 못한 이상행동을 체계적으로 관찰하여 기술하는 것이다. 또한 현대사회에는 급격한 사회적 변화와 더불어 그에 대한 적응과정에서 새로운 부적응행동들이 나타나고 있다. 이러한 부적응행동을 발견하여 관찰하고 그러한 행동의 자세한 특성을 기술하는 것이 이상심리학의 중요한 과제다.

이상심리학의 다른 중요한 기능은 다양한 이상행동과 정신장애를 체계적으로 분류하는 일이다. 모든 경험과학은 연구대상을 그 특성에 따라 범주화하고 분류하는 작업을 통해 발전한다. 이러한 분류작업을 통해서 모호하고 복잡한 현상을 좀 더 명료하고 체계적인 방식으로 이해할 수 있기 때문이다. 특히 이상행동과 정신장애는 매우 다양하고 복잡할 뿐만 아니라 서로 밀접한 관계를 맺고 있는 경우가 많다. 따라서 이상행동을 현상적 유사성과 원인적 공통성에 따라 체계적으로 분류하는 작업은 매우 중요하다. 이러한 분류작업을 통해서 다양한 이상행동과 정신장애에 관한 체계적인 이해와 효과적인 의사소통이 가능할 뿐 아니라 그 원인을 밝히고 치료방법을 모색하는 효율적인 접근이 가능하다.

이상심리학의 역사는 새로운 정신장애의 발견과정이라고 할 수 있다. 예컨대, 18세기에는 조증mania, 울증melancholia, 치매dementia, 광증idiotism의 4가지 정신장애 유형만이 알려져 있었으나, 19세기 말에 에밀 크레펠린Emil Kraepelin은 16개 범주의 정신장애를 제시하였다. 이러한 연구결과가 축적되면서 1952년에 108개 범주로 구성된 정신장애 분류체계인 『정신장애의 진단 및 통계 편람-제1판Diagnostic and Statistical Manual of Mental Disorders-1st edition: DSM-I』이 미국정신의학회에 의해서 발간되었다. 1968년에 출간된 DSM-II에서는 정신장애 범주가 180개로 증가하였으며, 1980년에 개정된 DSM-III에서는 256개, 1994년에 개정된 DSM-IV에서는 297개, 그리고 2013년에 개정된 DSM-5에서는 350개 이상의 장애로 증가하였다. 21세기에는 컴퓨터, 인터넷, 핸드폰, 가상현실과 같은 새로운 전자기술과 정보문화가 더욱 확산됨에 따라 과거에 발견할 수 없었던 새로운 이상행동과 정신장애가 나타나게 될 것으로 예상된다. 시대와 문화의 변화에 따라 인간의 삶을 불행과 부적응으로 몰아가는 새로운 이상행동을 발견하여 체계적으로 기술함으로써 그 원인을 규명하고 효과적인 치료방법을 강구하는 것이 가능하다.

2) 이상행동의 원인 규명

이상심리학의 가장 주된 연구관심사는 이상행동과 정신장애의 원인을 규명하는 것이다. 즉 '이상행동과 정신장애는 왜

그리고 어떻게 생겨나는가?' '이상행동을 유발하는 원인은 무엇인가?' '정신장애는 신체적 요인에 의해서 생겨나는가 아니면 심리적 원인에 의해서 생겨나는가?' '이상행동은 선천적(또는 유전적) 요인에 의해 유발되는가 아니면 후천적 경험에 의해서 발생하는가?' '정신장애는 어떤 심리적 · 신체적 과정을 거쳐 발생하는가?' '이상행동은 어떤 선천적 요인과 후천적 경험이 어떻게 복합적으로 작용하여 유발되는가?'와 같은 다양한 물음에 대한 해답을 제시하기 위한 학문이 이상심리학이다. 다양한 이상행동과 정신장애의 원인을 규명하는 일은 이상심리학의 가장 중요한 연구주제인 동시에 가장 난해한 연구과제이기도 하다.

인간의 정신세계가 그러하듯이, 이상행동과 정신장애를 유발하는 원인은 매우 다양하며 그 발생과정도 매우 복잡하다. 따라서 이상심리학에는 이상행동을 설명하려는 다양한 입장과 이론이 제기되고 있다. 이상심리학의 다양한 이론적 입장은 대부분 이상행동의 원인을 설명하는 관점과 방식의 다양성을 반영하고 있다. 예컨대, 이상행동을 개인의 성장과정과 무의식적 갈등에 의해서 설명하려는 정신분석적 입장, 환경적 영향에 의한 학습과정으로 설명하려는 행동주의적 입장, 개인의 역기능적 사고과정과 신념체계에 의해서 설명하려는 인지적 입장, 뇌와 중추신경계의 손상이나 기능이상으로 설명하려는 생물학적 입장 그리고 개인이 속한 사회환경적 요인에 의해서 설명하려는 사회문화적 입장 등이 있다. 최근에는 이러한 여러 가지 입장에서 주장하는 원인적 요인을 통합하여 이상행동을 설명하려는 생물심리사회적 입장과 체계이론적 입장도 제시되고 있다.

정신장애의 원인에 대한 이해는 정신장애를 치료하고 예방하는 방법을 개발하는 기초가 되기 때문에 더욱 중요한 의미를 지닌다. 지난 100여 년 동안 이상행동과 정신장애의 원인에 대한 많은 비밀이 밝혀졌다. 이 책에서는 정신장애의 원인에 대해서 현재까지 이루어진 주요한 연구결과들을 소개하고 있다. 그러나 이상행동과 정신장애의 원인에 대한 구체적이고 체계적인 이해는 아직 요원한 상태다. 현재 이상심리학에서는 다양한 이론적 입장에서 다양한 연구방법론을 통해 다양한 이상행동과 정신장애의 원인을 규명하려는 노력이 이루어지고 있다.

3) 이상행동의 치료와 예방

이상심리학의 궁극적인 목표는 이상행동과 정신장애를 치료하고 예방하는 것이다. 우리 사회에는 이상행동과 정신장애로 심한 심리적 고통을 경험하거나 부적응 상태로 자신의 능력을 발휘하지 못하는 사람들이 많다. 이처럼 개인을 불행과 부적응 상태로 몰아가는 이상행동과 정신장애를 치료하는 일은 시급하고도 중요한 일이다. 이상심리학은 이상행동을 수정하고 정신장애를 치료하는 효과적인 방법을 개발하는 일에도 깊은 관심을 지니고 있다. 또한 새롭게 개발된 치료방법이 특정한 정신장애를 치료하는 데 효과적인지 또는 특정한 정신장애를 치료하는 데 어떤 치료방법이 가장 효과적인지를 밝히는 것도 중요한 연구과제다.

이상행동의 치료방법은 이상행동의 원인에 대한 이론적 이해에 근거한다. 즉, 이상행동을 유발하거나 지속시키는 요인들을 제거하거나 변화시킴으로써 이상행동을 치료하게 된다. 다양한 이론적 입장에 근거하여 이상행동과 정신장애를 치료하는 다양한 방법이 개발되고 있다. 예컨대, 개인의 무의식적 갈등을 자각하고 자아기능을 강화함으로써 부적응 행동에서 벗어나게 하는 정신분석적 치료, 학습의 원리를 이용하여 부적응행동을 제거하거나 적응행동을 습득시키는 행동치료, 이상행동을 유발하는 역기능적인 사고과정과 신념체계의 수정에 초점을 맞추는 인지치료, 향정신성 약물을 투여함으로써 뇌의 화학적 변화를 통해 정신장애의 증상을 완화시키는 약물치료가 제시되고 있다. 그러나 현재 적용되고 있는 치료방법들은 다양한 정신장애를 치료하는 데 많은 한계를 지니고 있기 때문에, 더욱 효과적이고 구체적인 다양한 치료방법의 개발이 필요한 상황이다.

이상심리학은 이상행동과 정신장애의 예방에도 깊은 관심을 가진다. 심리치료가 이미 정신장애를 지니고 있는 사람을 정상적인 적응 상태로 회복시키는 일이라면, 예방은 미리 정신장애가 나타나지 않도록 방지하는 일이다. 이상행동과 정신장애의 예방은 개인의 고통을 줄일 뿐만 아니라 치료비를 경감할 수 있다는 점에서 국가적으로 매우 중요한 일이다. 정신장애의 예방은 그 원인으로 밝혀진 요인들을 사전에 차단하거나 특정한 정신장애에 취약한 사람들을 미리 찾아내어 정신장애로 발전하지 않도록 개입하는 다양한 방법을 통해 이루어진다. ◆

이상심리학과 다른 정신건강 분야와의 관계

이상행동과 정신장애를 다루는 정신건강 분야에는 여러 학문분야와 전문가들이 있다. 예컨대, 임상심리학, 상담심리학, 정신병리학, 정신의학, 사회복지학, 간호학 등에서도 정신장애의 연구와 치료에 관여하고 있다. 이상심리학은 이러한 학문분야와 어떤 관계에 있으며 어떻게 구분되는지를 살펴보기로 한다. 여러 분야의 정신건강 전문가들은 그들의 교육 및 훈련 배경에 따라 구분되는 경우가 많으나 활동영역이 중첩되는 경우가 많아서 명쾌한 구분이 쉽지 않다.

이상심리학abnormal psychology과 가장 밀접한 관계를 맺고 있는 학문분야는 임상심리학이다. 임상심리학clinical psychology은 이상행동과 정신장애에 대한 평가 및 진단, 치료와 예방, 연구를 수행하는 심리학의 한 분야로서, 임상심리학자는 과학자적 연구활동과 동시에 실천가적 임상활동을 수행하는 정신건강 전문가다. 임상심리학자가 수행하는 연구활동 중에 가장 중요한 것은 이상심리학적 연구다. 이런 점에서 이상심리학은 임상심리학의 하위영역이라고 보는 사람도 있으나, 여러 다른 심리학 분야(예: 인지심리학, 발달심리학, 생물심리학 등)의 학자들도 이상심리학적 연구를 수행하는 경우도 흔하다.

상담심리학counseling psychology은 정상적인 적응을 하고 있는 사람들이 생활 속에서 직면하는 다양한 적응문제(예: 진로 및 직업문제, 학업문제, 경미한 심리적 문제 등)의 해결을 도와주는 심리학의 한 분야다. 근래에는 이상행동과 관련된 부적응 문제를 연구하고 치료하는 일에 깊은 관심을 지닌 상담심리학자들이 늘어나고 있다. 정신병리학psychopathology은 정신장애를 과학적으로 연구하는 다학문적 접근을 의미하며, 정신병리학자는 심리학, 정신의학, 사회사업학, 간호학 등과 같은 다양한 학문적 배경을 지니고 정신장애를 전문적으로 연구하는 사람들을 뜻한다.

정신의학psychiatry은 의학적 모델에 근거하여 정신장애를 연구하고 치료하는 의학의 한 전문분야로서 주로 생물의학적 관점에서 정신장애의 원인을 규명하고 약물치료를 위시한 물리적 치료방법을 통해 정신장애를 치료하고자 한다. 정신의학자 중에는 정신장애에 대한 심리사회적 원인과 심리치료에 관심을 갖는 이들도 있다. 정신과 사회복지사psychiatric social worker는 주로 정신장애를 유발하는 사회환경적 요인에 관심을 지니며, 치료과정에서도 가족과 지역사회의 사회환경적 개입을 하는 정신건강 전문가를 지칭한다. 정신과 간호사psychiatric nurse는 주로 정신병동에서 정신장애 환자를 돌보고 간호하는 일을 담당하는 전문적 간호사다. 선진국 대부분의 정신병원과 우리나라의 일부 정신병원에서는 정신장애 환자의 진단과 치료를 위해서 정신과의사, 임상심리학자, 정신과 사회복지사, 정신과 간호사가 치료팀을 이루어 운영하고 있다.

4. 이상심리학의 연구방법

인류 역사를 볼 때 오랜 기간 동안 인간의 이상심리에 대해서 미신적이고 비과학적인 견해가 지배해왔다. 중세까지만 해도 악령, 귀신 또는 초자연적인 어떤 힘에 의해서 심리장애가 생긴다는 미신적 사고가 지배적이었다. 그러다가 19세기 후반에 이르러서 비로소 심리학자와 정신의학자에 의해서 인간의 이상행동에 대한 과학적인 연구가 체계적으로 이루어지기 시작했다.

현대의 이상심리학이 과거의 비과학적 연구와 구별되는 점은 연구방법에 있다. 과학으로서의 이상심리학은 주관적이고 비체계적이며 사변적인 연구방법을 지양하고, 객관적이며 체계적이고 실증적인 연구방법에 근거한다.

1) 심리학적 평가도구의 사용

과학으로서의 이상심리학은 인간의 심리적 현상에 대한 객관적 평가와 측정에서 출발한다. 객관적 평가도구는 인간의 다양한 행동을 정교하게 변별할 수 있을 뿐만 아니라 신뢰도와 타당도가 높은 도구를 지칭한다. 여기서 신뢰도란 그 검사가 항상 동일한 양식으로 변별하는 정도를 나타내며, 타당도는 그 검사가 본래 의도하는 양식으로 변별하는 정도를 나타낸다. 이상심리학에서 흔히 사용하는 심리평가도구는 다음과 같다.

(1) 면접법

면접법interview은 언어적인 대화나 의사소통을 통해 사람의 심리적 특징을 알아보는 방법이다. 대화 시에 나타내는 언어적 표현의 내용과 방식에는 그 사람의 심리적 특징이 잘 나타나기 때문이다. 면접법은 질문과 응답으로 이루어지는 언어적 의사소통을 통해 피면접자의 언어적 반응 내용과 방식을 정밀하게 분석하고 수량화하는 방법이다. 면접법에는 질문의 내용과 순서 그리고 반응의 평가방법이 일정하게 정해져 있는 구조화된 면접법structured interview과 그렇지 못한 비구조화된 면접법unstructured interview이 있다.

(2) 행동관찰법

사람의 심리적 특성을 알아보는 한 방법은 그 사람이 어떻게 행동하는지를 잘 관찰하는 것이다. 행동은 내면적인 심리적 특성이 밖으로 드러난 것이기 때문이다. 행동관찰법Behavior Observation은 한 사람이 특정한 상황에서 어떤 행동을 하는지를 유심히 관찰하여 그 행동의 내용을 구체적으로 기술하고 빈도나 강도를 수량화하는 방법이다. 이러한 행동관찰의 내용은 그 사람의 심리적인 특성을 평가하는 객관적인 자료가 된다.

(3) 설문지법

설문지법Questionnaire Method은 많은 심리검사에서 채택하고 있는 방법인데, 연구자가 묻고자 하는 여러 사항을 문장으로 기술한 문항을 제시하고 피검자로 하여금 그 문항에 대해 자신의 상태를 응답하게 하는 방법이다. 일반적으로 설문지법은 피검사자가 응답하는 방식에 따라 강제선택 방식forced choice method과 자유선택 방식open ended method이 있다. 강제선택 방식은 연구자가 미리 제시한 몇 가지 응답(양자선택, 다지선택 등) 중에서 피검자가 자신의 상태에 제일 가까운 것을 선택하도록 하는 방식이고, 자유선택 방식은 피검자가 물음에 자유롭게 응답할 수 있는 여지를 열어놓는 방식이다. 다면적 인성검사MMPI, 간이정신진단검사SCL-90-R 등은 이러한 질문지법을 사용한 대표적인 심리진단검사다.

(4) 과제수행법

한 사람의 심리적 능력 및 특성을 평가하는 또 다른 방법은, 해결해야 할 과제를 주고 그 사람이 그 과제를 얼마나 잘 수행하는지를 보는 것이 과제수행법Task Performance이다. 여기서 주어지는 과제는 물론 평가하고자 하는 심리적 특성이 요구되는 과제로서 평가자에 의해 주도면밀하게 제작된다. 과제수행법은 이러한 과제를 주고 그 과제의 수행에 소요된 시간, 수행반응의 내용 및 정확도, 수행방식 등의 면에서 과제수행반응이 객관적으로 수량화되고 이를 통해 심리적 특성을 평가하는 방법이다. 웩슬러 지능검사와 같은 대부분의 지능검사는 이러한 과제수행법을 사용하고 있다.

(5) 생리적 측정법

인간의 심리적 상태나 특성 중에는 행동의 시각적 관찰이나 언어적 반응을 통해 측정하기 어려운 것들이 많다. 그러나 육체는 정신의 정직한 대변자라는 말이 있듯이, 신체의 생리적 반응을 통해 심리적 특성을 평가할 수 있다. 생리적 측정법Physiological Measurement은 뇌파, 심장박동, 혈압, 근육긴장도, 피부전기저항반응 등의 생리적 상태를 측정할 수 있는 기계나 검사를 통해 심리적 상태나 특성을 평가하는 방법이다.

이러한 다양한 방법이 심리학에서 개인차를 측정하기 위해 사용된다. 그리고 각 방법은 저마다 장단점을 지니고 있으므로 평가의 내용과 목적에 따라 적절하게 선택하여 사용할 수 있다.

2) 과학적 연구방법

이상심리학에는 다양한 연구방법이 있다. 연구방법은 연구의 목적에 따라 적절히 선택되어야 하지만, 여기에서는 일반적인 연구방법을 몇 가지 소개하고자 한다. 어떤 연구방법을 사용하든, 앞에서 소개된 다양한 평가도구를 통해 이상행동자에 대한 자료가 수집된다. 이렇게 수집된 자료를 통해 이상행동의 특성, 관련 요인 및 원인적 요인 등을 밝히는 연구가 진행된다.

(1) 사례연구

사례연구case study는 이상행동을 나타내는 한 개인에 초점을 맞추어 그 사람에 관한 다양한 정보를 수집하여 기술하는 방법이다. 흔히 사례연구에서는 개인이 나타내고 있는 현재의 이상행동들, 그러한 이상행동이 발생하고 발전되는 과정, 출생 시부터 현재까지의 성장 과정(유아기, 아동기, 청소년기, 성인기의 발달과정 및 특이사항 등), 가족관계(조부모, 부모, 형제자매, 자녀 등의 특성 및 관계), 학업 및 직업 적응 상태, 혼인 상태, 성性적 적응 상태, 신체적 질병경력, 여러 심리검사의 자료 등에 대한 자세한 정보들이 체계적으로 기술된다. 이러한 사례연구는 개인에 관해 풍부하고 자세한 정보를 제공하기 때문에 이상행동의 양상, 발전 경위, 영향요인 등을 정밀하게 분석할 수 있는 좋은 연구방법이다. 그러나 사례연구는 한 개인에 대한 자료에 근거하기 때문에 그 결과를 다른 사람에게 일반화하여 적용하기 어렵다는 단점을 지니고 있다.

사례연구에 포함되는 내용

1. 신원정보: 이름, 성별, 출생연월일, 주소, 결혼 여부, 직업, 교육수준 및 최종학력, 사회경제적 수준 및 수입, 종교 등.
2. 호소 문제 및 방문 이유: 내담자가 치료를 받고자 하는 주된 문제 및 증상들, 심리진료소를 찾게 된 주된 이유와 기대 등.
3. 호소 문제의 발생 경위와 최근 생활상황: 호소 문제나 증상이 생겨난 시기, 상황, 촉발사건, 발전 과정 및 경과, 치료노력, 최근의 생활상태(주거지, 매일활동, 삶의 변화와 그 영향 등).

4. 개인의 성장 과정: 출생 초기부터 신생아기, 유아기, 아동기, 청소년기, 성인기 등의 성장 과정에 대한 정보. 특히 초기 발달단계에서의 특이한 점이나 사건들, 내담자가 어린 시절에 대해서 인상깊게 기억하고 있는 내용, 초등학교 · 중학교 · 고등학교 · 대학교에서의 학업수준, 대인관계, 상벌의 내용 등, 직장에서의 업무활동 및 적응 상태, 결혼의 과정 및 적응 상태 등.
5. 가족적 배경: 조부모, 부모, 배우자, 형제, 자녀, 그 밖의 중요한 가족구성원에 대한 기본적 정보 및 성격특성, 내담자와의 관계, 가족 내에서 내담자의 위치와 역할 등.
6. 성적 발달 과정: 성性에 대한 관심과 욕구의 발달, 성행위의 종류와 대상 및 적절성, 이성관계 등.
7. 신체적 건강 및 질병: 신체적 질병 및 손상의 경험, 치료 및 결과, 흡연 및 알코올 복용, 신체발달, 섭식 및 운동 습관 등.
8. 대인관계 양상: 주된 대화 상대나 소속집단, 사회적 상호작용의 양과 질, 대인관계에서의 역할이나 다른 사람에 대한 기여, 반복되는 대인관계 문제 등.
9. 개인적 선호 및 취미: 특별한 관심사, 장기, 특기, 취미 등.
10. 자기기술: 내담자 스스로 중요하게 생각하는 자신의 장단점, 강약점, 특성, 능력 등.
11. 미래에 대한 계획: 내담자가 향후 인생에 대해 지니고 있는 계획, 그 구체성 및 현실성 등.
12. 심리검사 결과: 지능수준, 성격특성, 정서 상태, 인지 스타일, 심리적 갈등영역 등.

(2) 상관연구

상관연구correlational research는 사례연구와는 달리 어떤 이상행동(예: 우울증)을 나타내는 여러 사람에 관한 특성(예: 부정적 사고, 혈액 내 카테콜아민 수준)들을 객관적 평가도구를 통해 수집하고, 그러한 자료에 대한 통계적 상관분석을 통해 요인들 간의 관련성을 밝히는 방법이다.

하지만 상관연구는 두 요인 이상(예: 우울증, 부정적 사고, 혈액 내 카테콜아민 수준)이 서로 밀접하게 관련되어 있다는 것을 보여주지만 요인들 간의 인과적 방향은 알려주지 못하는 한계가 있다. 예를 들어, 우울증이 심할수록 부정적 사고도 많고 혈액 내 카테콜아민 수준이 높다면, 우울증이 이러한 요인들과 관련성을 맺고 있다는 것을 알 수 있다. 그러나 부정적 사고(또는 카테콜아민 수준)로 인해 우울증이 심해진 것인지 아니면 우울증으로 인해 부정적 사고(또는 카테콜아민 수준)가 많아진 것인지 그 인과관계는 상관연구로 알 수 없다.

(3) 실험연구

실험연구experimental research는 인과관계를 규명하는 가장 좋은 연구방법이다. 실험연구에서 연구자가 원인적 요인(독립변인)을 의도적으로 변화시켰을 때 그 영향으로 인해 결과적 요인(종속변인)이 예상한 대로 변화하는 것을 확인한다면 두 변인 간의 인과관계를 규명할 수 있다. 그러나 종속변인이 독립변인의 영향에 의해서만 변화된 것이어야 한다.

실험연구에서는 종속변인에 영향을 줄 수 있는 다른 요인들, 즉 오염변인이 포함되지 않도록 통제하는 것이 중요하다. 예를 들어, 과제의 실패 경험이 우울 기분을 유발하는 한 원인이라는 것을 검증하기 위해서, 연구자는 피험자들이 과제에 실패하도록 실험 상황을 만들어 실패 경험을 하게 하고 실험 전보다 실험 후에 우울 기분이 증가하였다는 것을 확인할 수 있다. 그러나 이때 과제의 실패뿐만 아니라 실험자의 불손한 행동, 하기 싫은 과제를 강제로 해야 하는 상황 등이 우울 기분을 증가시킬 수도 있다.

이러한 문제를 해결하기 위해서 흔히 통제집단을 사용하게 된다. 즉, 실패를 경험하는 집단(실험집단)뿐만 아니라 똑같은 상황에서 동일한 실험자에 의해 같은 과제를 수행하지만 실패 경험을 하지 않도록 하는 통제집단을 구성하여, 실험집단과 통제집단의 기분 변화를 평가하게 된다. 그 결과 실패 경험을 제외한 모든 조건이 동일한 통제집단은 우울 기분이 증가하지 않았는데 실패 경험을 한 실험집단은 우울 기분이 증가하였다면, 우울 기분의 증가는 실패 경험에 의해서 유발된 것이라고 결론지을 수 있는 것이다.

이렇듯, 인과관계를 밝히기 위한 실험연구는 세심한 연구

설계가 필요할 뿐만 아니라, 사람을 대상으로 하는 연구에서 연구자가 인권을 침해하는 실험적 처치를 함부로 가할 수 없다는 점에서 여러 가지 한계를 지니게 된다.

대부분의 실험연구에서는 다수의 피험자로 실험집단을 구성하게 되지만, 이상심리학 연구에서는 단일사례 실험연구 single-subject experimental research가 사용되기도 한다. 이 연구법은 한 피험자에게 독립변인의 변화(실험적 처치)를 가하는 조건과 그렇지 않은 조건을 반복적으로 여러 번 시행하여 실험적 처치가 가해지는 조건에서만 종속변인의 변화가 나타난다는 것을 확인하여 인과관계를 밝히는 방법이다.

예를 들어, A라는 치료기법이 우울증 치료에 효과적이라는 것을 검증하기 위해서, 한 우울증 환자에게 A라는 치료법을 적용하는 경우(A조건)와 아무런 치료도 하지 않는 경우(B조건)를 ABAB의 순서로 반복하면서 그때마다 우울 증상을 측정한다. 이때 A조건에서는 우울 증상이 감소하는 반면, B조건에서는 우울 증상이 감소하지 않는 것을 확인한다면, A라는 치료법이 우울증 치료에 효과적이라는 것을 한 사람의 피험자만을 통해서도 밝힐 수 있게 된다.

이 밖에도 위의 방법들을 혼합한 연구방법들이 있을 수 있으며, 연구주제에 따라 독특한 연구방법이 적용된다. 이렇듯이, 이상심리학에서는 개인의 심리적 특성을 객관적으로 측정할 수 있는 정확한 평가도구를 사용하며, 심리적 요인들 간의 관계를 규명할 수 있는 과학적 연구방법을 사용하여 이상심리학의 연구주제를 밝히려고 시도한다. ◆

5. 이상심리학의 역사

심리학의 과거는 길지만 역사는 짧다. 인간의 마음을 이해하려는 노력은 인류의 문명과 함께 시작되었다고 할 수 있다. 그러나 과학적인 방법을 통해 인간의 마음을 체계적으로 이해하게 된 현대 심리학은 19세기 후반에야 시작되었다. 이상심리학도 마찬가지다. 먼 옛날부터 인간은 이해하기 힘든 이상한 행동을 나타내는 사람들에 대해서 호기심과 의문을 갖게 되었으며 나름대로 그 원인을 설명하고 치료방법을 제시하고자 했다. 동서고금을 막론하고 모든 문화권에는 이상행동의 원인에 대한 설명체계가 존재하며 그에 대한 치료방법이 제시되고 있다.

1) 고대의 귀신론

동서양을 막론하고 고대사회에서는 정신장애를 초자연적인 현상으로 이해하였다. 고대인들은 정신장애를 귀신에 씌었거나 다른 사람의 저주를 받은 것으로 보았다. 또는 별자리나 월식의 영향 때문에 정신장애가 생긴다고 여기기도 하였다. 정신장애가 생기는 이유는 다른 사람의 저주 때문이라고 생각하기도 했다. 샤머니즘에서는 죽은 사람의 영혼에 사로잡혀서 정신이상이 된다고 믿기도 하였다. 이러한 고대의 귀신론적 정신장애관은 매우 원시적이고, 미신적이며, 비과학적인 것임에도 불구하고, 아직도 우리 사회에는 일부 종교나 무속에 이러한 미신적인 정신장애관이 남아있다.

2) 그리스 시대의 신체적 원인론

그리스 문명이 발전하면서 정신장애를 종교나 미신과 분리시켜 의학적 문제로 보려는 시도가 나타나기 시작했다. 기원전 4세기경 히포크라테스Hippocrates(B.C. 460~377)는 정신장애를 조증, 우울증, 광증의 3가지 유형으로 분류하고 그 원인을 신체적 요인의 불균형으로 간주했다. 그는 인간의 몸은 4가지 체액, 즉 점액, 혈액, 황담즙, 흑담즙으로 구성되어 있는데 이러한 체액들의 균형이 깨지면 정신장애가 나타난다고 여겼다. 혈액이 과도하게 많으면 기분이 쉽게 변하고, 황담즙이 많으면 초조함과 공격성이 높아지며, 흑담즙이 지나치면 우울해진다고 보았다. 이러한 설명방식은 매우 단순한 것이지만 오늘날 주장되고 있는 정신장애에 대한 신체적 원인론의 시초라고 할 수 있다. 히포크라테스는 정신장애의 치료를 위해서 주술적인 방법을 지양하고 식이요법, 심리적 안정, 성행위의 자제 등과 같은 방법을 제시하면서 정신장애는 종교인보다는 의료인이 다루어야 하는 문제라고 주장하였다.

3) 중세의 귀신론

모든 학문의 영역이 그러했듯이, 서양의 중세시대는 이상심리학의 암흑기였으며 정신병자의 수난시대였다. 중세에는 그리스 · 로마시대에 발전한 정신장애에 대한 의학적 이해가 억압되고 고대의 귀신론적 정신장애관으로 회귀하였다. 종교적 입장에 근거하여 인간의 삶을 사탄과 악령에 대항하는 영적인 전쟁으로 보았으며, 정신병자는 사탄과 악령에 사로잡힌 사람으로 규정되었다. 즉, 정신병자는 죄를 지어 하나님으로부터 벌을 받는 자이거나 마귀의 수족 역할을 하는 자로 규정되었다. 따라서 정신병자는 종교재판의 대상이 되었으며, 마귀를 쫓기 위한 다양한 형태의 고문을 당하거나 심지어 화형을 당하기도 했다. 중세 말기에는 정신병자를 마녀에 사로잡힌 사람이라고 보는 귀신론이 극에 달하여 마녀사냥이 이루어졌고, 정신병자는 온몸이 묶인 채 물속에 오랫동안 담그는 고문을 당하거나 불에 태우는 화형에 희생되기도 했다. 이처럼 정신병자에게 족쇄를 채워 감금하고 가혹한 고문을 가하는 중세의 비인간적인 태도는 르네상스 시대에 이르기까지 천여 년 동안 지속되었다.

4) 근대의 인도주의적 치료

중세의 귀신론에 근거하여 비인간적인 처우를 받던 정신병자에게 인도주의적인 치료를 해주어야 한다는 주장이 17~18세기부터 제기되기 시작했다. 프랑스의 내과 의사였던 필리페 피넬Philippe Pinel(1745~1826)은 정신병자에게 인도주의적인 대우를 해 주어야 한다고 주장한 최초의 사람이다. 1793년 프랑스 대혁명이 휘몰아치던 시기에, 파리에 있는 한 정신병자 수용소의 소장으로 부임한 피넬은 정신병자에게 채워졌던 쇠사슬을 제거하고 어두운 감방 대신 햇살이 들어오는 방에 기거하게 했으며, 수용소의 뜰에서 운동을 할 수 있도록 허용하였고, 직원이 정신병자를 구타하지 못하도록 하였다. 피넬의 인도주의적 치료가 놀라운 성과를 거두게 되자 이러한 치료적 움직임이 서양사회에 확산되기 시작했다.

영국에서는 윌리엄 튜크William Tuke(1732~1822)가 요크 요양소를 만들어 정신병 환자를 수용하면서 인도적으로 치료하였다. 미국에서는 도로시아 딕스Dorothea Dix(1802~1887)가 정신병 환자들을 인도적으로 대우해야 한다고 호소하여 많은 호응을 얻었으며 오늘날의 정신병원 형태를 갖춘 병원이 여러 주에 세워지게 되었다. 이처럼 정신장애를 일종의 질병으로 보고 정신장애자에게 인도주의적인 치료를 해주어야 한다는 근대적인 정신장애관이 인류역사에 나타나게 된 것은 약 200년 전의 일이다.

5) 현대 이상심리학의 발전

19세기 후반부터 정신장애에 대한 과학적 이해가 급격히 발전하면서 현대 이상심리학의 기초가 마련되었다. 19세기에 이르기까지 정신장애의 원인에 대한 이해는 초보적인 수준이었다. 귀신론적 정신장애관이 일반인에게 널리 퍼져 있었으며, 의료인들도 주로 초보적인 신체적 원인론에 기초하여 정신장애를 이해하고 치료하였다.

19세기 후반에 지그문트 프로이트Sigmund Freud(1856~1939)가

정신분석 이론을 주장하면서 정신장애가 심리적 원인에 의해서 발생할 수 있다는 심리적 원인론psychogenesis이 급격하게 발전하기 시작했다. 프로이트는 히스테리와 같은 정신장애를 지닌 환자와의 심층적 면담에 근거하여 무의식 속에 억압되어 있는 아동기의 충격적 경험이 신경증을 유발한다고 보았다. 이러한 억압된 기억을 의식 속으로 떠오르게 만들어 자각하게 하면 증상이 사라진다고 치료방법을 제시했다. 프로이트는 1900년에 『꿈의 해석』이라는 저서를 발간하면서 정신장애는 무의식적인 갈등이라는 심리적 원인에 의한 것이며, 자유연상이나 꿈 해석과 같은 심리적인 방법을 통해 치료될 수 있다고 주장하였다. 프로이트가 주장한 정신분석적 이론과 치료는 정신장애에 대한 다양한 심리학적 이론과 심리치료 방법이 급격하게 발전하는 토대가 되었다.

한편, 20세기 초반에 미국에서는 엄격한 과학적 방법에 근거한 행동주의 심리학이 발전하였다. 행동주의 심리학자들은 인간의 모든 행동을 환경에 의해서 학습된 것으로 간주했으며 학습의 원리를 밝히는 데 주력하여 다양한 학습의 원리를 밝혀냈다. 그 결과, 학습의 원리를 적용하여 이상행동이 형성되고 유지되는 과정을 설명하는 정교한 이론이 발전했을 뿐만 아니라 행동치료라는 새로운 심리적 치료방법이 제시되었다.

아울러 실험적 연구방법을 강조하는 현대 심리학의 발전과 더불어 이상심리학의 분야에서도 과학적인 실험적 접근이 이루어지기 시작했다. 실험 정신병리학experimental psychopathology은 실험심리학적인 연구방법을 사용해서 이상행동과 정신장애를 연구하는 학문이다. 여러 가지 실험 방법과 과제를 통해서 정신장애 환자의 정신병리를 좀 더 정확하게 이해하기 위한 많은 연구를 시행하였다. 20세기 중반 이후 실험심리학이 급격히 발전하면서 다양한 정신장애에 대한 정신병리학적 연구가 활발해졌다. 이러한 실험 정신병리학의 발전을 통해서 정신장애 환자가 지니는 심리적인 특성을 지각, 인지, 정서, 동기, 행동의 다양한 측면에서 정교하게 이해할 수 있게 되었다.

19세기 말에는 인간의 심리적 특성을 객관적인 방법으로 측정하려는 시도가 이루어졌다. 1905년에는 프랑스 심리학자인 비네Binet에 의해 최초의 아동용 지능검사가 개발되어 지적 장애를 객관적으로 진단하는 획기적인 방법이 마련되었다. 1915년경에는 미국 심리학자들에 의해 제1차 세계대전에 참전하는 군인의 선발과 배치를 위한 최초의 집단용 지능검사와 성격검사가 개발되었다. 이후 1921년에는 최초의 투사법 검사인 로르샤흐 검사가 개발되었고, 1940년에는 해서웨이Hathaway와 맥킨리McKinley에 의해 다양한 정신장애를 평가할 수 있는 다면적 인성검사MMPI가 개발되었다. 이러한 다양한 심리검사가 개발됨으로써 이상행동과 정신병리를 보다 더 객관적으로 평가할 수 있게 되었으며 정신장애의 진단과 치료효과의 측정에도 커다란 진전이 이루어졌다.

20세기 중·후반부에는 정신분석과 행동치료 외에도 인간중심치료, 합리적 정서치료, 인지치료, 게슈탈트치료와 같은 다양한 심리치료가 개발되었다. 1952년에는 미국정신의학회에서 다양한 정신장애를 체계적으로 분류하고 각 장애의 진단기준을 제시한 『정신장애의 진단 및 통계 편람DSM』을 출간하였다. DSM은 정신건강 전문가들이 일관성 있는 기준에 의해서 정신장애를 진단하고 연구할 수 있는 기틀이 되었다. 또한 심리학 분야의 인지혁명cognitive revolution으로 인해 정신장애에 영향을 미치는 인지적 구조와 내용을 밝히는 연구들이 급증하였다. 신경과학과 뇌영상술이 발전함에 따라 정신장애에 대한 뇌과학적 연구가 활발하게 이루어졌다. 이상심리학은 20세기에 놀라운 발전을 거듭하여 이상행동과 정신장애를 설명하고 치료하는 다양한 이론적 입장을 구축하게 되었다. ◆

2

이상심리와 정신장애의 분류

1. 이상심리와 정신장애의 분류체계
2. 주요한 정신장애의 이해: DSM-5를 중심으로

1. 이상심리와 정신장애의 분류체계

1) 이상심리의 분류

인간이 나타내는 이상행동과 정신장애는 매우 다양할 뿐만 아니라 개인마다 매우 독특하다. 이상심리학은 이렇게 다양하고 독특한 이상행동을 정확하게 관찰하고 유사한 특성에 따라 분류하는 작업에서부터 출발한다.

이상행동을 평가하고 진단하여 정신장애를 분류하는 방식은 이론적 입장에 따라 다양하다. 정신의학적 진단분류체계가 있는가 하면, 행동주의적 입장에서 심리장애를 분류하려는 움직임도 있고, 정신역동적 진단방식도 있다. 현재 정신건강 분야에서는 정신의학적 진단 모형이 폭넓게 받아들여지고 있다.

생물학에서 분류가 지식을 정리하는 기본인 것과 마찬가지로, 이상심리학에서도 이상행동을 신경증 장애나 성격장애 등으로 분류하는 것은 과학의 체계를 세우기 위해 필수적이다. 장애행동의 지식을 축적하고 전문가 사이의 의사소통을 효율적으로 하며 임상 실제에서 장애행동을 진단하고 치료하는 데 도움을 주는 진단분류체계가 되려면 무엇보다도 진단분류가 객관적으로 신뢰롭고 타당해야 한다. 이를 위해서는 진단기준이 구체적이고 명확하여 누구나 이 기준에 따라서 진단한다면 같은 진단을 내릴 수 있어야 한다. 예컨대 정신분열증을 진단하는 기준의 하나가 피해망상, 사고전파, 조종망상 등의 증상을 보이는 것이라면, 모든 진단자가 이런 증상을 평가하는 데 일치하여야 하고, 이런 증상을 갖고 있는 장애를 정신분열증으로 진단하는 데 일치를 보일 때 그 진단분류는 객관적으로 신뢰롭다고 할 수 있다.

한편, 어떤 진단분류체계가 신뢰롭다고 하여 타당도가 보장되는 것은 아니다. 진단의 타당도는 더욱 어려운 문제를 제기한다. 장애의 진단분류가 타당하다는 것은 장애의 원인과 경과 및 장애의 행동적 · 인지적 · 정서적 · 신경생리적 특성이 동일해야 하고, 장애의 치료법도 같아야 함을 뜻한다. 이렇게 볼 때 현대 신체의학의 많은 질병 분류도 엄격하게 따지면 타당한 진단분류라고 하기 어렵다. 더구나 심리장애의 경우에는 타당도가 높은 진단분류체계를 구성하는 데에 더 많은 어려움이 따른다.

이러한 문제를 최소화하여 발전되어온 분류체계는 이상행동의 연구뿐만 아니라 임상 활동에 필수적이지만 한편으로 여러 가지 문제를 야기할 수 있다. 특히 심한 장애의 진단을 남발할 경우 사회적인 문제를 일으킬 수도 있다. 일례로 정신병에 대한 태도 조사를 통해 우리 사회의 편견을 엿볼 수 있다. 정신병 환자의 증상과 행동을 글로 기술하고, 이런 행동을 보이는 사람을 어떻게 대하겠는가라는 질문에 대해서는, 그 사람을 좀 괴팍한 사람으로 대하겠다고 대답하는 경우가 많았다. 그러나 어떤 사람을 정신병이라고 소개하고 이런 사람을 어떻게 대하겠는가라고 질문하였을 때에는, 그를 회피하려 했고 병원에 입원시켜야 한다고 답하는 경우가 많았다. 이런 조사 결과가 시사하는 것은, 특정한 사람을 정신병이라고 진단함으로써 사회생활에 적응하기 어렵다는 낙인을 찍게 되는 부작용이 생길 수 있다는 것이다.

2) 신경증과 정신증의 구분

일반인들 사이에서 '노이로제'라는 용어가 흔히 사용된다. 이것은 현재 이상심리학에서 학술적으로 사용되는 용어는 아니지만, 과거에 정신장애를 분류하던 전통적인 방식을 반영하고 있다. 과거에는 인간의 이상행동을 크게 신경증과 정신증으로 구분하였다. 이러한 구분은 정신분석적 전통에서 나온 구시대적인 것이지만, 일부에서는 아직도 이러한 기준에 따라서 정신장애자를 일차적으로 구분하고 있고, 또한 다양한 정신장애를 가장 간단하게 분류하여 이해할 수 있다는 점에서 간단히 살펴볼 필요가 있다.

신경증은 영어로 뉴로시스neurosis라고 하며 흔히 노이로제라는 독일식 용어로 불리고 있다. 신경증은 현실판단력에는 별 문제가 없지만 생활적응에 여러 가지 주관적인 불편함을 나타내는 심리적 장애를 뜻한다. 예를 들어, 불안을 주요한 증상으로 나타내는 불안장애의 경우는 늘 초조하고 긴장하며 불안감을 느끼게 되어 고통을 지속적으로 경험하게 되지만, 환각이나 망상과 같이 현저한 현실왜곡은 나타나지 않는다.

또한 신경증을 지닌 사람은 자신에게 어떤 문제가 있다는 것을 자각(이를 병식病識, insight이라고 한다)할 수 있기 때문에 스스로 치료기관을 찾게 된다. 이들은 사회적 적응에 어려움을 보이기는 하지만 그 정도가 미약하기 때문에 직업이나 학업을 지속할 수가 있다. 따라서 이들은 치료기관을 정기적으로 방문하여 치료하는 것으로도 회복이 가능하다.

반면, 정신증psychosis은 부적응의 정도가 매우 심각한 심리적 장애를 뜻하며, 환각이나 망상과 같은 현실왜곡적 증상이 두드러진다. 정신증을 지닌 사람은 대부분 자신이 비정상적

◆ **신경증과 정신증의 차이점**

임상적 특징	신경증	정신증
현실판단력	정상	현저한 손상
주요 장애	불안장애, 우울증	정신분열증
병식	있음	없음
사회적 적응 상태	경미한 부적응	심각한 부적응
주요한 치료방식	외래치료, 방문치료	입원치료

이라는 점에 대한 자각이 없어서 스스로 치료기관을 찾기보다는 보호자나 주변 사람들에 의해서 강제로 치료기관을 찾게 되는 경우가 많다. 이들은 현실판단력에 현저한 장애가 있기 때문에 직업이나 학업과 같은 사회적 적응이 불가능한 경우가 대부분이다. 따라서 정신증을 지닌 사람은 일정 기간 동안 병원이나 치료기관에 입원해 집중적인 치료를 받는 것이 일반적이다. 정신증의 가장 대표적인 장애가 정신분열증이다.

3) 정신장애의 분류체계

심리장애를 유형별로 진단·분류하려는 노력은 의학의 역사만큼이나 오래되었다. 서양에서 의학의 아버지로 알려진 히포크라테스는 인간의 정신적 기질을 체액에 따라서 구분하고

자 하였다. 그는 담즙질, 흑질 등의 체액의 영향으로 서로 다른 정신적 질병이 유발되는 것으로 보았다.

그 후 정신병리학이 발전하면서 심리장애를 이해하고 치료하기 위하여 장애를 분류하는 데 지속적인 관심을 기울여 왔다. 오늘날 우리가 흔히 알고 있는 심리장애의 진단분류는 19세기 말 독일의 정신의학자인 크레펠린이 심리장애의 분류체계를 집대성한 데서 비롯되었다. 물론 그가 처음 세운 분류체계는 거칠고 객관성이 부족하였지만, 그의 분류체계를 기초로 20세기에 와서 지속적으로 객관화하고 정교화하여 오늘날의 정신장애 진단분류체계를 이루게 되었다.

현재 연구와 임상장면에서 가장 널리 사용되고 있는 정신장애 분류체계는 DSM-5와 ICD-10이다. DSM은 미국정신의학회에서 발간하는 『정신장애의 진단 및 통계 편람』으로서 특정한 이론적 입장에 치우치지 않고 심리적 증상과 증후군을 위주로 하여 정신장애의 분류체계와 진단기준을 제시하고 있다. 1952년에 DSM-I이 처음 발행된 이후 임상적 유용성과 진전된 연구결과를 반영하여 여러 차례의 개정과정을 거쳤으며 2013년 5월에 DSM-5가 발행되었다.

ICD는 세계보건기구WHO에서 발간하는 『세계질병분류International Classification of Diseases』로서 그 안에 정신장애의 분류와 진단기준이 포함되어 있으며, 1992년에 ICD-10이 발간되었고, ICD-11이 출간될 예정이다. DSM-5는 ICD-11의 정신장애 분류체계와 조화를 이루도록 개정되었다. DSM-5는 정신장애를 20개의 주요한 범주로 나누고 그 하위범주로 350여 개 이상의 장애를 포함하고 있다. DSM-5에 제시되어 있는 정신장애 범주와 하위장애를 소개하면 다음의 표와 같다(권석만, 2014). ❖

◆ DSM-5에 제시된 정신장애 범주의 핵심 증상과 하위장애

장애 범주	핵심 증상	하위장애
불안장애	불안과 공포, 회피행동	범불안장애, 특정공포증, 광장공포증, 사회불안장애, 공황장애, 분리불안장애, 선택적 무언증 등
강박 및 관련 장애	강박적인 집착, 반복적인 행동	강박장애, 신체변형장애, 저장장애, 모발 뽑기 장애, 피부 벗기기 장애 등
외상- 및 스트레스 사건-관련 장애	외상이나 스트레스 사건 후에 나타나는 부적응 증상	외상후 스트레스 장애, 급성 스트레스 장애, 반응성 애착장애, 탈억제 사회관여 장애, 적응장애 등
우울장애	우울하고 슬픈 기분, 의욕과 즐거움의 감퇴	주요 우울장애, 지속성 우울장애, 월경전기 불쾌장애, 파괴적 기분조절곤란 장애 등
양극성 및 관련 장애	기분이 고양된 조증 상태와 우울증 상태의 주기적 반복	제1형 양극성 장애, 제2형 양극성 장애, 순환감정 장애 등

정신분열 스펙트럼 및 다른 정신증적 장애	망상, 환각, 혼란스러운 언어와 행동, 둔마된 감정과 사회적 고립	정신분열증, 분열정동장애, 정신분열형 장애, 망상장애, 분열형 성격장애, 약화된 정신증적 증후군 등
성격장애	부적응적인 사고, 감정 및 행동 패턴으로 나타나는 성격적 문제	A군 성격장애: 편집성, 분열성, 분열형 B군 성격장애: 반사회성, 연극성, 경계선, 자기애성 C군 성격장애: 강박성, 의존성, 회피성
신체 증상 및 관련장애	원인이 불분명한 신체증상의 호소, 건강에 대한 과도한 염려	신체증상장애, 질병불안장애, 전환장애, 허위성 장애 등
해리장애	의식, 기억, 자기정체감 및 환경지각의 급격한 변화	해리성 기억상실증, 해리성 정체감장애, 이인증/비현실감 장애 등
수면-각성 장애	수면의 양이나 질의 문제로 인한 수면-각성에 대한 불만과 불평	불면장애, 과다수면 장애, 수면발작증, 호흡 관련 수면장애, 일주기 리듬 수면-각성 장애, 비REM 수면-각성 장애, 악몽장애, REM 수면행동 장애, 초조성 다리 증후군 등
급식 및 섭식 장애	부적절한 섭식행동으로 인한 신체적 건강과 적응기능의 손상	신경성 식욕부진증, 신경성 폭식증, 폭식장애, 이식증, 반추장애, 회피적/제한적 음식섭취 장애 등

물질-관련 및 중독 장애	알코올, 담배, 마약과 같은 물질이나 도박과 같은 행위에 대한 중독	물질-관련 장애(물질 사용 장애, 물질 유도성 장애, 물질 중독, 물질 금단), 비물질-관련 장애(도박 장애) 등
성기능 장애	원활한 성행위를 저해하는 성기능의 문제	남성 성욕감퇴 장애, 발기장애, 조루증, 지루증, 여성 성적 관심 및 흥분장애, 여성 절정감 장애, 생식기-골반 통증/삽입 장애 등
성도착 장애	성적인 욕구를 부적절한 대상이나 방식에 의해서 해소하는 행위	관음 장애, 노출 장애, 접촉마찰 장애, 성적 피학 장애, 성적 가학 장애, 아동성애 장애, 성애물 장애, 의상전환 장애 등
성 불편증	생물학적 성性에 대한 심리적 불편감과 고통	아동의 성 불편증, 청소년과 성인의 성 불편증 등
신경발달장애	뇌의 발달 지연이나 손상과 관련된 아동·청소년기의 장애	지적 장애, 의사소통 장애, 자폐 스펙트럼 장애, 주의력 결핍/과잉행동 장애, 특정 학습장애, 운동 장애 등
파괴적, 충동통제 및 품행 장애	충동통제의 곤란으로 인한 타인의 권리 침해와 사회적 규범의 위반 행위	적대적 반항장애, 품행장애, 반사회성 성격장애, 간헐적 폭발성 장애, 도벽증, 방화증 등
배설장애	소변이나 대변을 부적절한 장소에서 반복적으로 배설	유뇨증, 유분증 등

신경인지장애	뇌의 손상으로 인한 인지기능의 심각한 저하나 결손	주요 신경인지장애, 경도 신경인지장애, 섬망 등
기타의 정신장애	위의 범주에 해당되지 않지만 개인의 적응을 저하하는 심리적 문제들	기타의 신체적 질병으로 인한 정신장애, 기타의 구체화된 정신장애 등

2. 주요한 정신장애의 이해: DSM-5를 중심으로

1) 불안장애

불안장애는 불안과 공포를 주된 증상으로 나타내는 다양한 장애를 포함하며 불안 증상과 회피 대상에 따라 여러 하위 유형으로 구분된다. DSM-5에서는 불안장애를 크게 7가지의 하위유형, 즉 범불안장애, 특정공포증, 광장공포증, 사회불안장애, 공황장애, 분리불안장애, 선택적 무언증으로 구분하고 있다.

(1) 범불안장애

범汎불안장애Generalized Anxiety Disorder는 다양한 상황에서 만성적 불안과 과도한 걱정을 나타내는 경우를 말한다. 범불안장애를 지닌 사람은 늘 불안하고 초조해하며, 사소한 일에도 잘 놀라고 긴장한다. 항상 예민한 상태에 있으며, 짜증과 화를 잘 내고, 쉽게 피로감을 느낀다. 때로는 지속적인 긴장으로 인한 근육통과 더불어 만성적 피로감, 두통, 수면장애, 소화불량, 과민성 대장 증후군 등의 증상이 함께 나타나기도 한다. 이처럼 범불안장애를 지닌 사람은 불필요한 걱정에 집착하기 때문에 우유부단하고 꾸물거리는 지연행동을 나타내어 현실적인 업무를 잘 처리하지 못하는 경향이 있다. DSM-5에서는 범불안장애의 진단기준을 아래와 같이 구체적으로 제시하고 있다.

범불안장애의 진단기준

A. 다양한 사건이나 활동(예: 직업이나 학업 수행)에 대한 과도한 불안과 걱정이 나타난다.
이러한 불안과 걱정이 적어도 6개월 동안 50% 이상의 날에 나타나야 한다.

B. 개인은 이러한 걱정을 통제하기가 어렵다고 느낀다.

C. 불안과 걱정은 다음의 6개 증상 중 3개 이상과 관련된다(아동의 경우는 한 개 이상).
(1) 안절부절못함 또는 가장자리에 선 듯한 아슬아슬한 느낌
(2) 쉽게 피로해짐
(3) 주의집중의 곤란이나 정신이 멍해지는 느낌

(4) 화를 잘 냄
(5) 근육의 긴장
(6) 수면 장해(수면의 시작과 지속의 곤란 또는 초조하거나 불만족스러운 수면)

D. 불안, 걱정 또는 신체적 증상이 심각한 고통을 유발하거나 사회적, 직업적 또는 다른 중요한 영역의 활동에 현저한 손상을 초래한다.

E. 이러한 장해는 물질(예: 남용하는 약물, 치료약물)이나 다른 의학적 상태(예: 부신피질호르몬 과다증)의 생리적 효과에 기인한 것이 아니다.

F. 이러한 장해는 다른 정신장애에 의해서 더 잘 설명되지 않는다(예컨대, 다음과 같은 것에 대한 불안이 아니어야 한다: 공황장애에서 공황발작이 일어나는 것에 대한 불안이나 걱정, 사회불안장애에서 부정적 평가, 강박장애에서 오염 또는 다른 강박사고, 분리불안장애에서 애착대상과의 이별, 외상 후 스트레스 장애에서 외상사건 회상 촉발자극, 신경성 식욕부진증에서 체중 증가, 신체증상장애에서 신체적 호소, 신체변형장애에서 지각된 외모 결함, 질병불안장애에서 심각한 질병 또는 정신분열증이나 망상장애에서 망상적 신념의 내용).

범불안장애의 핵심 증상은 과도한 걱정이라고 할 수 있다. 이들이 걱정하는 주된 주제는 가족, 직업적 또는 학업적 무능, 재정문제, 미래의 불확실성, 인간관계, 신체적 질병에 관한 것으로 보고되고 있다. 범불안장애는 남성보다 여성에게 약간 더 흔하게 나타난다. 흔히 10대 중반~20대 초반에 발생하여 대체로 만성적인 경과를 나타내며 스트레스가 많은 시기에 증세가 악화되는 경향이 있다.

(2) 특정공포증

특정공포증Specific Phobia은 특정한 대상이나 상황에 대한 비합리적 두려움과 회피행동을 지속적으로 나타내는 경우를 말한다. DSM-5에 제시된 진단기준에 따라 특정공포증의 주요 증상을 살펴보면 다음과 같다. 첫째, 특정한 대상이나 상황(비행, 높은 곳, 동물, 주사 맞기, 피를 보는 것)에 대해 현저한 공포나 불안을 경험한다. 아동의 경우에는 공포나 불안이 울기, 떼쓰기, 얼어붙기, 칭얼거리기로 표현될 수 있다. 둘째, 공포를 유발하는 대상이나 상황에 노출되면 거의 예외 없이 즉각적인 공포반응이 유발된다. 셋째, 특정공포증을 지닌 사람은 공포를 느끼는 대상과 상황을 회피하려고 한다. 그러나 때로는 심한 공포나 불안을 느끼면서 고통 속에서 이러한 공포자극을 참아내는 경우도 있다. 넷째, 특정한 대상이나 상황에 의한 실제적인 위험과 사회문화적 맥락을 고려할 때, 이러한 공포나 불안은 지나친 것이어야 한다. 이러한 공포와 회피행동이 6개월 이상 지속되어 심한 고통을 경험하거나 사회적·직업적 활동에 현저한 방해를 받을 경우 특정공포증으로 진단된다.

DSM-5에서는 특정공포증을 공포대상의 종류에 따라 크게 4가지 하위유형으로 구분하고 있다. 첫째는 동물형animal type으로서 뱀, 개, 거미, 바퀴벌레 등과 같은 동물이나 곤충을 두려워하는 경우다. 둘째는 자연환경형natural environment type으로서 천둥, 번개, 높은 장소, 물이 있는 강이나 바다 등과 같은 자연에 대한 공포다. 셋째는 피를 보거나 주사를 맞거나 상처를 입는 등의 신체적 상해나 고통을 두려워하는 혈액-주사-상처형blood-injection-injury type이 있다. 마지막 유형은 상황형situational type으로서 비행기, 엘리베이터, 폐쇄된 공간 등과 같은 상황을 두려워하고 피하는 경우다.

(3) 광장공포증

광장공포증Agoraphobia은 특정한 장소나 상황에 대한 공포를 나타내는 경우를 말한다. DSM-5에 따르면, 광장공포증을 지닌 사람은 다음의 5가지 상황 중 적어도 2가지 이상의 상황에 대한 현저한 공포와 불안을 나타낸다: (1) 대중교통수단(예: 자동차, 버스, 기차, 배, 비행기)을 이용하는 것, (2) 개방된 공간(예: 주차장, 시장, 다리)에 있는 것, (3) 폐쇄된 공간(예: 쇼핑몰, 극장, 영화관)에 있는 것, (4) 줄을 서 있거나 군중 속에 있는 것, (5) 집 밖에서 혼자 있는 것. 또한 이러한 상황을 두려워하거나 회피하는 이유가 공황과 유사한 증상이나 무기력하고 당혹스러운 증상(예: 노인의 경우 쓰러질 것 같은 공포, 오줌을 지릴 것 같은 공포)이 나타날 경우에 그러한 상황을 회피하기 어렵거나 도움을 받을 수 없다는 생각 때문이어야 한다. 이들은 이러한 공포 유발 상황에 노출되면 거의 예외 없이 공포와 불안을 경험하게 되며 이러한 상황을 회피하고자 한다. 그러나 때로는 동반자가 있으면 공포나 불안을 느끼면서도 공포상황을 참아낼 수 있다. 공포유발 상황의 실제적인 위험과 사회문화적 맥락을 고려할 때, 이러한 공포는 지나친 것이어야 한다. 이러한 공포와 회피행동이 6개월 이상 지속되어 심한 고통을 경험하거나 사회적 · 직업적 활동에 현저한 방해를 받을 경우 광장공포증으로 진단된다.

(4) 사회불안장애

사회불안장애Social Anxiety Disorder는 다른 사람들과 상호작용하는 사회적 상황을 두려워하여 회피하는 장애로서 사회공포증Social Phobia이라고 불리기도 한다. 이 장애에 대한 DSM-5의 진단기준을 살펴보면 다음과 같다. 첫째, 개인이 다른 사람들에 의해서 관찰되고 평가될 수 있는 한 가지 이상의 사회적 상황에 대해서 현저한 공포나 불안을 지닌다. 이들이 두려워하는 주된 사회적 상황으로는 일상적인 상호작용 상황(예: 다른 사람과 대화를 하거나 낯선 사람과 미팅하는 일), 관찰 당하는 상황(예: 다른 사람이 보는 앞에서 음료를 마시거나 음식을 먹는 일), 다른 사람 앞에서 수행을 하는 상황(예: 연설이나 발표를 하는 일)이다. 둘째, 이러한 사회적 상황에서 다른 사람들로부터 부정적인 평가를 받을 수 있는 행동을 하거나 불안 증상을 나타내게 될 것을 두려워한다. 즉, 부적절한 행동을 통해서 다른 사람들로부터 모욕과 경멸을 받거나 거부를 당하거나 타인에게 피해를 주게 될 것을 두려워한다.

사회불안장애를 지닌 사람은 이러한 사회적 상황에 노출되면 거의 예외 없이 심한 불안을 경험하게 되며 이러한 상황을 회피하고자 한다. 사회적 상황의 실제적인 위험과 사회문화적 맥락을 고려할 때 과도한 것으로 판단되는 사회적 불안과 회피행동이 6개월 이상 지속되어 심한 고통을 경험하거나 사회적 · 직업적 활동에 현저한 방해가 초래될 경우에 사회불안장애로 진단된다.

(5) 공황장애

공황장애Panic Disorder는 갑자기 엄습하는 강렬한 불안, 즉 공황발작을 반복적으로 경험하는 장애를 말한다. 공황발작panic attack은 예상하지 못한 상황에서 갑작스럽게 밀려드는 극심한 공포, 곧 죽지 않을까 하는 강렬한 불안을 의미한다. DSM-

5에 따르면, 공황발작이라고 진단되기 위해서는 갑작스럽게 치솟은 강렬한 공포와 더불어 다음의 13개 증상 중 4개 이상이 나타나야 한다: (1) 심장박동이 빨라지고 강렬해지거나 심장박동수가 점점 더 빨라짐, (2) 진땀을 흘림, (3) 몸이나 손발이 떨림, (4) 숨이 가쁘거나 막히는 느낌, (5) 질식할 것 같은 느낌, (6) 가슴의 통증이나 답답함, (7) 구토감이나 복부통증, (8) 어지럽고 몽롱하며 기절할 것 같은 느낌, (9) 한기를 느끼거나 열감을 느낌, (10) 감각이상증(마비감이나 찌릿찌릿한 감각), (11) 비현실감이나 자기 자신과 분리된 듯한 이인감, (12) 자기통제를 상실하거나 미칠 것 같은 두려움, (13) 죽을 것 같은 두려움. 이러한 증상은 갑작스럽게 나타나며 10분 이내에 그 증상이 최고조에 도달하여 극심한 공포를 야기한다. 흔히 첫 공황발작은 피곤, 흥분, 성행위, 정서적 충격 등을 경험한 후에 나타나는 경향이 있으나 대부분의 경우 예측하기가 어렵고 갑작스럽게 나타난다. 이런 공황발작을 경험하게 되면 환자는 죽을 것 같은 공포로 인해 흔히 응급실을 찾게 되며 진찰 시에 같은 말을 되풀이하거나 더듬는 등 몹시 당황하는 행동을 보인다. 그러나 대부분 이러한 공포가 10~20분간 지속되다가 빠르게 또는 서서히 사라진다.

이처럼 공황장애는 예기치 못한 공황발작과 더불어 그에 대한 예기불안anticipatory anxiety을 주된 특징으로 한다. 공황장애를 지닌 사람은 공황발작이 없는 시기에도 그런 일이 또 생기지 않을까 하는 예기불안을 지닌다. 즉, 공황발작이 다시 일어나는 것에 대한 계속적인 걱정과 더불어 공황발작의 결과에 대한 근심(예: 심장마비가 오지 않을까, 미치지 않을까 하는 걱정)을 나타내며, 부적응적인 행동변화(예: 심장마비가 두려워서 일체의 운동을 중지하거나 직장을 그만두거나 또는 응급실이 있는 대형병원 옆으로 이사를 가는 것)를 수반하게 된다.

(6) 분리불안장애

분리불안장애Separation Anxiety Disorder는 어머니를 위시한 애착대상과 떨어지는 것에 대해서 심한 불안을 나타내는 정서적 장애를 뜻한다. 다음과 같은 증상 중 3개 이상을 6개월 이상 나타낼 때, 분리불안장애로 진단될 수 있다: (1) 주요 애착대상이나 집을 떠나야 할 때마다 심한 불안과 고통을 느낀다, (2) 주요 애착대상을 잃거나 그들에게 질병, 부상, 재난 혹은 사망과 같은 해로운 일이 일어나지 않을까 지속적이고 과도하게 걱정한다, (3) 애착대상과 분리될 수 있는 사건들(예: 길을 잃음, 납치당함, 사고를 당함, 죽음)에 대해 지속적이고 과도하게 걱정한다, (4) 분리에 대한 불안 때문에 밖을 나가거나, 집을 떠나거나, 학교나 직장 등에 가는 것을 지속적으로 꺼리거나 거부한다, (5) 혼자 있게 되거나 주요 애착대상 없이 집이나 다른 장소에 있는 것에 대해 지속적으로 과도한 공포를 느끼거나 꺼린다, (6) 집을 떠나 잠을 자거나 주요 애착대상이 근처에 없이 잠을 자는 것을 지속적으로 꺼리거나 거부한다, (7) 분리의 주제를 포함하는 반복적인 악몽을 꾼다, (8) 주요 애착대상으로부터 분리되거나, 분리가 예상될 때 반복적인 신체 증상(예: 두통, 복통, 메스꺼움, 구토 등)을 호소한다.

(7) 선택적 무언증

선택적 무언증Selective Mutism은 말을 할 수 있음에도 특정한 상황에서 지속적으로 말을 하지 않는 장애로서 주로 아동에게서 나타난다. 이러한 장애를 지닌 아동은 다른 상황에서는 말을 잘 하면서도 말하는 것이 기대되는 사회적 상황(예: 학교, 친척 또는 또래와의 만남)에서는 지속적으로 말을 하지 않는다. 이러한 아동은 다른 사람과 함께 있을 때 먼저 말을 시작하지 않거나 다른 사람이 말을 해도 반응하지 않는다. 선택적 무언증을 지닌 아동은 가정에서 가까운 직계가족과 함께 있을 때는 말을 할 수 있으나 조부모나 사촌과 같은 친인척이나 친구들 앞에서는 말을 하지 않는 경우가 흔하다.

선택적 무언증을 지닌 아동은 흔히 학교 가기를 거부하여 학업적 곤란을 초래하게 된다. 또한 학교에서 말을 하지 않기 때문에 교사가 읽기 능력을 평가할 수 없으므로 부진한 학업

성적을 나타내게 된다. 무언증을 지닌 아동은 또래아동과도 친밀한 사회적 관계를 맺기가 어려워 친구들로부터 놀림을 받거나 왕따를 당할 수 있다. 이처럼 여러 가지 부적응 문제를 초래하는 무언증 증상이 1개월 이상(입학 후 처음 1개월은 제외) 지속될 경우에 선택적 무언증으로 진단된다.

2) 강박 및 관련 장애

강박強迫은 '강한 압박'을 의미하며 무언가에 집착하여 어찌할 수 없는 심리 상태를 뜻한다. 강박 및 관련 장애Obsessive-Compulsive and Related Disorders는 개인의 의지와 상관없이 어떤 생각이나 충동이 자꾸 의식에 떠올라 그것에 집착하며 그와 관련된 행동을 반복하게 되는 부적응 문제를 뜻한다. 강박적인 집착obsessive preoccupation과 반복적인 행동repetitive behaviors을 주된 특징으로 나타내는 강박 및 관련 장애는 강박장애, 신체변형장애, 저장장애, 모발 뽑기 장애, 피부 벗기기 장애 등의 하위장애로 구분된다.

(1) 강박장애

강박장애Obsessive-Compulsive Disorder는 원하지 않는 불쾌한 생각이 자꾸 떠올라 그것을 제거하기 위한 행동을 반복하게 되는 장애다. 강박장애의 주된 증상은 강박사고와 강박행동이다. 강박사고obsession는 반복적으로 의식에 침투하는 고통스러운 생각, 충동 또는 심상을 말한다. 이러한 강박사고는 매우 다양한 주제를 포함하는데, 흔한 예로는 음란하거나 근친상간적인 생각, 공격적이거나 신성 모독적인 생각, 오염에 대한 생각(악수할 때 손에 병균이 묻지 않았을까?), 반복적 의심(자물쇠를 제대로 잠갔나?), 물건을 순서대로 정리하려는 충동이다. 이러한 생각이 부적절한 것이라는 것을 인식하지만 잘 통제되지 않고 반복적으로 의식에 떠올라 고통스럽게 한다. 따라서 이러한 사고를 없애기 위해서 여러 가지 노력을 하게 되는데, 흔히 강박행동으로 나타나게 된다.

강박행동compulsion은 불안을 감소시키기 위해서 반복적으로 나타내는 행동을 말한다. 이러한 강박행동은 씻기, 청소하기, 정돈하기, 확인하기와 같이 외현적 행동으로 나타날 수도 있고 숫자세기, 기도하기, 속으로 단어 반복하기와 같이 내현적 활동으로 나타나는 경우도 있다. 강박행동이 지나치고 부적절하다는 것을 잘 알지만, 이러한 행동을 하지 않으면 심한 불안을 느끼기 때문에 이러한 행동을 반복하지 않을 수 없게 된다. 강박장애를 지닌 사람은 이러한 강박적 사고와 행동으로 인해서 심한 심리적 고통을 겪을 뿐만 아니라 이러한 생각과 행동에 많은 시간을 허비하기 때문에 현실적 적응에 어려움을 겪게 된다. 이러한 강박사고나 강박행동이 많은 시간(하루에 1시간 이상)을 소모하게 하거나 현저한 고통을 유발하거나 사회적·직업적 기능 또는 다른 중요한 영역의 기능에 심각한 손상을 초래할 경우에 강박장애로 진단된다.

(2) 신체변형장애

신체변형장애Body Dysmorphic Disorder는 자신의 외모가 기형적이라고 잘못 집착하는 경우를 말하며 '신체추형장애' 또는 '신체기형장애'라고 불리기도 한다. DSM-5에 따르면, 신체변형장애는 신체적 외모에 대해서 한 개 이상의 주관적 결함에 과도하게 집착하는 것이 주된 증상이다. 주관적 결함이라 함은 그러한 결함이 다른 사람에 의해서는 인식되지 않거나 경미한 것으로 여겨지기 때문이다. 아울러 신체변형장애를 지닌 사람은 반복적인 외현적 행동(예: 거울 보며 확인하기, 지나치게 몸단장하기, 피부 벗기기, 안심 구하기)이나 내현적 행위(예: 자신의 외모를 다른 사람과 비교하기)를 나타낸다. 이러한 증상으로 인해 심각한 고통을 받거나 중요한 삶의 영역에서 심각한 장해를 나타낼 경우 신체변형장애로 진단된다.

(3) 저장장애

저장장애Hoarding Disorder는 언젠가는 필요할지 모른다는 생각으로 버려야 할 물건들을 집 안에 산더미처럼 쌓아두는 장애를 뜻한다. 이렇게 쌓아놓은 물건들은 생활공간을 심각하게 제한하고 안전이나 건강의 문제를 야기하게 된다. 그 결과, 자신뿐만 아니라 주변사람들이 심한 불편을 겪거나 일상생활에 심각한 문제를 초래하게 된다.

저장장애의 주된 진단기준은 불필요한 물건을 버리지 못하는 것이다. 물건을 보관하고자 하는 강한 충동을 느끼며 물건을 버리는 것을 고통으로 여긴다. 물건을 버려야 할지 말아야 할지에 대한 우유부단성 때문에 명백히 쓸모가 없거나 무가치한 물건을 버리지 못한다. 이러한 증상으로 인해서 집, 직장, 개인적 공간(예: 사무실, 차, 마당)을 수많은 물건으로 채우고 어지럽혀 공간을 정상적인 용도로 사용하지 못한다.

저장장애의 문제행동은 불필요한 물건을 버리지 못하고 보관하는 강박적 저장compulsive hoarding과 불필요한 물건을 수집하여 집안으로 끌어들이는 강박적 수집compulsive collecting으로 구분될 수 있다. 강박적 저장은 물건을 없애는 것에 대한 어려움으로 인해서 쓸모없는 낡은 것들을 버리지 못할 뿐만 아니라 다른 사람에게 주거나 팔지도 못하고 보관하는 것이다. 이렇게 버리지 못하는 대표적인 물건이 옷과 신문이다.

(4) 모발 뽑기 장애

모발 뽑기 장애Hair-Pulling Disorder는 자신의 머리카락을 반복적으로 뽑게 되는 경우를 말하며, 발모증Trichotillomania이라고 불리기도 한다. 이러한 장애를 지닌 사람은 머리카락을 반복적으로 계속해서 뽑기 때문에 대머리가 되는 것이 눈에 띌 정도로 확연하게 보인다. 머리카락을 뽑는 행동을 하기 직전이나 머리카락을 뽑는 행동을 하지 않으려고 노력할 때는 긴장감이 높아진다. 그리고 머리카락을 뽑는 행동을 할 때마다 쾌락, 만족감, 해방감을 느낀다. 머리카락을 뽑는 행동이 다른 정신장애에 의한 것이 아니고 사회적 · 직업적 적응에 심각한 고통이나 장해를 초래해야 한다.

(5) 피부 벗기기 장애

피부 벗기기 장애Skin-Picking Disorder는 반복적으로 피부를 벗기거나 뜯음으로써 피부를 손상시키는 행동을 하는 경우를 뜻한다. 피부 벗기기 장애는 심각하지만 잘 알려지지 않은 문제로서 DSM-5에서 처음 강박 관련 장애의 하위장애로 포함되었다.

피부 벗기기 장애를 지닌 사람은 반복적으로 피부를 만지며 문지르거나 긁거나 뜯거나 쑤신다. 이러한 행동으로 인해서 피부가 손상되고 변색되거나 흉터가 생긴다. 심각한 경우에는 피부조직이 손상되어 흉한 모습이 될 수 있다. 이러한 장애를 지닌 사람은 피부 벗기기 행동을 줄이거나 그만두기 위해 노력하지만 매번 실패하게 된다. 이러한 문제로 인해서 심각한 고통을 받거나 일상생활의 적응에 심각한 장해가 발생할 경우 피부 벗기기 장애로 진단되며 강박적 피부 뜯기 dermatillomania라고 불리기도 한다.

3) 외상- 및 스트레스 사건-관련 장애

외상trauma은 외부로부터 주어진 충격적인 사건에 의해서 입은 심리적 상처를 의미한다. 외상은 대인관계 관여도에 따라 인간 외적인 외상, 대인관계적 외상, 애착 외상으로 구분된다. 인간 외적인 외상impersonal trauma은 지진, 태풍, 산사태, 홍수, 화산폭발과 같이 인간이 개입되지 않은 자연재해로 인해 입게 되는 상처를 의미하며 자연의 작용에 의해서 우발적으로 일어난다. 대인관계적 외상interpersonal trauma은 타인의 고의적 행동에 의해 입은 상처와 피해를 뜻한다. 전쟁, 테러, 살인, 폭력, 강간, 고문 등은 이러한 인간 간 외상에 속한다. 애착 외상 attachment trauma은 부모나 양육자와 같이 정서적으로 매우 긴밀하고 의존도가 높은 관계에서 입은 심리적 상처를 의미한다. 애착 외상은 크게 학대와 방임으로 구분될 수 있으며 가정 내의 가까운 사람에 의해 이루어지는 신체적 학대, 가정폭력, 정서적 학대나 방임, 성폭행과 성적 학대 등이 해당된다.

외상- 및 스트레스 사건-관련 장애Trauma- and Stressor-Related Disorders는 외상 사건을 비롯한 다양한 스트레스 사건의 경험으로 인해 발생하는 심리적 문제들을 의미한다. DSM-5에서는 외상- 및 스트레스 사건-관련 장애를 외상후 스트레스 장애, 급성 스트레스 장애, 반응성 애착장애, 탈억제 사회관여 장애, 적응장애 등의 하위유형으로 구분하고 있다.

(1) 외상후 스트레스 장애

외상후 스트레스 장애Posttraumatic Stress Disorder는 충격적인 외상 사건을 경험하고 난 후에 다양한 심리적 부적응 증상이 나타나는 경우를 말한다. 여기에서 외상 사건traumatic event은 죽음 또는 죽음의 위협, 신체적 상해, 성폭력과 같이 개인에게 심각한 충격을 주는 다양한 사건들(예: 지진이나 화산폭발과 같은 자연재해, 전쟁, 살인, 납치, 교통사고, 화재, 강간, 폭행)을 의미한다.

외상후 스트레스 장애는 이러한 외상 사건을 경험한 후에 다음과 같은 4가지 유형의 심리적 증상을 특징적으로 나타낸다. 그 첫째는 침투 증상intrusion symptoms으로서 외상 사건과 관련된 기억이나 감정이 자꾸 의식에 침투하여 재경험되는 것을 말한다. 즉, 과거가 현재 속으로 끊임없이 침습하는 것이다. 외상 사건에 대한 고통스러운 기억이 자꾸 떠오르거나 꿈에 나타나기도 한다. 외상 사건과 관련된 자극을 접하게 되면, 그 사건이 실제로 발생하고 있는 것 같은 재현경험flashback을 하거나 강렬한 심리적 고통이나 과도한 생리적 반응을 나타낸다.

둘째, 외상 사건과 관련된 자극을 회피한다. 외상 사건의 재경험이 매우 고통스럽기 때문에 그와 관련된 기억, 생각, 감정을 떠올리지 않으려고 노력한다. 외상 사건과 관련된 생각이나 대화를 피할 뿐만 아니라 그와 관련된 사람이나 장소를 회피한다. 고통스러운 외상 경험을 떠올릴 수 있는 모든 자극이나 단서(사람, 장소, 대화, 활동, 대상, 상황)를 회피하려고 노력한다.

셋째, 외상 사건과 관련된 인지와 감정에 있어서 부정적인 변화가 나타난다. 예컨대, 외상 사건의 중요한 일부를 기억하지 못하거나 외상 사건의 원인이나 결과를 왜곡하여 받아들임으로써 자신이나 타인을 책망한다. 또는 자신, 타인 및 세상에 대해 과도하게 부정적 신념(예: 나는 나쁜 놈이야. 아무도 믿을 수 없어. 세상은 완전히 위험천지야. 내 뇌는 영원히 회복될 수 없어.)을 나타내기도 한다. 공포, 분노, 죄책감이나 수치심과 같은 부정 정서를 나타내거나 다른 사람에게서 거리감과 소외감을 느끼기도 한다.

마지막으로, 각성과 반응성의 현저한 변화가 나타난다. 평소에도 늘 과민하며, 주의집중을 잘 하지 못하고, 사소한 자극에 크게 놀라는 반응을 보인다. 사소한 일에도 크게 짜증을 내거나 분노를 폭발하기도 한다. 잠을 잘 이루지 못하거나 쉽게 잘 깨는 등 수면의 곤란을 나타낸다.

외상 사건을 경험하고 난 후 이러한 4가지 유형의 증상들이 1개월 이상 나타나서 일상생활에 심각한 장해를 받게 될 때 외상후 스트레스 장애로 진단된다.

(2) 급성 스트레스 장애

급성 스트레스 장애Acute Stress Disorder는 외상 사건을 직접 경험했거나 목격하고 난 직후에 나타나는 부적응 증상들이 3일 이상 1개월 이내의 단기간 동안 지속되는 경우를 뜻한다. 급성 스트레스 장애는 증상의 지속 기간이 짧다는 점 이외에는 외상후 스트레스 장애와 주요 증상과 진단기준이 매우 유사하다.

충격적인 외상 사건을 경험하면 누구나 혼란스러운 부적응 증상을 일시적으로 나타낼 수 있다. 그러나 이러한 부적응 증상이 3일 이상 지속되면 일단 급성 스트레스 장애로 진단된다. 1개월이 지나도록 이러한 증상이 개선되지 않은 채로 지속되거나 악화되면 외상후 스트레스 장애로 진단된다. 급성 스트레스 장애를 지닌 사람의 약 50%가 외상후 스트레스 장애로 진전되는 것으로 알려져 있다.

(3) 반응성 애착장애

반응성 애착장애Reactive Attachment Disorder는 양육자와의 애착 외상으로 인하여 부적절하게 위축된 대인관계 패턴을 나타내는 경우를 말한다. 이러한 애착장애는 생후 9개월 이상부터 만 5세 이전의 아동에게 주로 발생한다. 반응성 애착장애를 지닌 아동은 부모를 비롯하여 타인과의 접촉을 두려워하고, 회피하며, 사회성 발달에 어려움을 겪게 된다.

생애 초기의 아동은 정상적인 심리적 발달을 위해서 특정한 양육자와 일관성 있는 안정적 애착을 형성하는 것이 매우 중요하다. 안정 애착을 형성하기 위해서 부모(특히 어머니)는 아동에게 충분한 애정과 관심을 기울이는 동시에 아동이 고통을 느낄 때 이를 적절하게 위로하고 해소해주는 역할을 해주어야 한다. 그러나 부모의 이혼이나 가정불화, 우울증을 비롯한 어머니의 정신장애, 고아원 생활 등으로 생애 초기에 양육자로부터 충분한 애정을 받지 못할 뿐만 아니라 학대 또는 방임 상태로 양육되면서 애착 외상attachment trauma을 겪는 아동들이 있다. 이러한 애착 외상을 겪는 아동들이 나타내는 애착장애는 크게 2가지의 유형, 즉 다른 사람과의 관계를 두려워하거나 회피하는 억제형inhibited type과 누구에게나 부적절하게 친밀함을 나타내는 탈억제형disinhibited type으로 구분된다. DSM-5에서는 애착장애의 억제형을 반응성 애착장애로 지칭하고 있으며 탈억제형은 탈억제 사회관여 장애로 지칭하고 있다.

(4) 탈억제 사회관여 장애

탈억제 사회관여 장애Disinhibited Social Engagement Disorder는 양육자와의 애착 외상을 경험한 아동이 누구든지 낯선 성인에게 아무런 주저 없이 과도한 친밀감을 표현하며 접근하는 경우를 뜻한다. 앞에서 소개한 반응성 애착장애와 마찬가지로 양육자로부터 학대나 방임을 당한 동일한 경험을 지니고 있지만, 탈억제 사회관여 장애를 지닌 아동은 위축된 반응 대신 무분별한 사회성과 과도한 친밀감을 나타내는 부적응행동을 나타낸다.

DSM-5에 따르면, 탈억제 사회관여 장애의 핵심 증상은 친밀하지 않은 낯선 성인에게 자발적으로 접근하여 그들과 상호작용하려는 다음과 같은 행동패턴을 나타내는 것이다: (1) 낯선 성인에게 접근하거나 그들과 상호작용하는 데에 주저함이 없다, (2) 지나치게 친밀한 언어적 또는 신체적 행동을 나타낸다, (3) 낯선 상황에서도 주변을 탐색하고 난 후에 성인 양육자의 존재를 확인하지 않는다, (4) 낯선 성인을 아무런 망설임이나 주저 없이 기꺼이 따라 나선다. 생후 9개월 이상 된 아동이 애착 외상에 해당하는 경험을 하고 난 후 이러한 증상을 나타낼 경우에 탈억제 사회관여 장애로 진단된다.

(5) 적응장애

적응장애Adjustment Disorder는 주요한 생활사건에 대한 적응실패로 나타나는 정서적 또는 행동적 증상을 말한다. 적응장애의 첫째 조건은 분명히 확인될 수 있는 심리사회적 스트레스 사건에 대한 반응으로 부적응 증상이 나타나야 하며, 부적응 증상은 스트레스 사건이 발생한 3개월 이내에 나타나야 한다. 둘째, 그러한 부적응 증상이 환경적 맥락과 문화적 요인을 고려할 때 스트레스 사건의 강도에 비해서 현저하게 심한 것이어야 한다. 셋째, 이러한 적응문제로 인하여 개인이 심각한 고통을 느끼거나 중요한 삶의 영역에서 기능장해가 나타나야 한다. 마지막으로, 개인이 나타내는 부적응 증상이 다른 정신장애의 진단기준에 해당되지 않아야 한다. 달리 말하면, 적응장애는 주요한 생활사건에 대한 적응의 실패로 나타난 부적응 증상으로서 다른 정신장애에 해당될 만큼 심각하지 않은 경우라고 할 수 있다.

적응장애에서 가장 흔히 나타나는 부적응 증상은 우울한

기분, 불안 증상과 품행 문제다. 스트레스 사건에 대한 반응으로 우울하고 침체된 기분과 무력감이 나타나거나 심한 불안감과 신경과민이 나타날 수 있다. 또는 과도한 음주나 폭력적 행동을 비롯하여 청소년의 경우에는 비행 행동(무단결석, 거짓말, 폭행 등)이 나타날 수 있다. 때로는 우울, 불안, 품행 문제가 복합적으로 나타날 수도 있다. 이러한 부적응 문제로 인해서 상당한 고통을 느끼거나 직업 및 학업에서의 수행저하나 대인관계에서의 갈등이 초래될 경우가 적응장애에 해당된다.

4) 해리장애

해리장애Dissociative Disorders는 의식, 기억, 행동 및 자기정체감의 통합적 기능에 갑작스러운 이상을 나타내는 장애다. 해리dissociation란 자기자신, 시간, 주위환경에 대한 연속적인 의식이 단절되는 현상을 말한다. 해리 현상은 일상생활에서 누구나 겪을 수 있는 정상적인 경험(예: 책에 몰두하여 주변을 완전히 잊는 것, 최면 상태, 종교적 황홀경 등)에서부터 심한 부적응 상태를 초래하는 병리적 해리장애까지 광범위한 연속적인 심리적 현상이다. 해리는 감당하기 어려운 충격적 경험으로부터 자신을 보호하는 기능을 지니고 있으며 진화론적으로 적응적 가치가 있는 기능으로 여겨지고 있다. 그러나 이러한 해리

현상이 지나치거나 부적응적인 양상으로 나타날 경우를 해리장애라고 한다. DSM-5에서는 해리장애를 해리성 정체감 장애, 해리성 기억상실증, 이인증/비현실감 장애로 구분하여 제시하고 있다.

(1) 해리성 정체감 장애

해리성 정체감 장애Dissociative Identity Disorder는 한 사람 안에 둘 이상의 각기 다른 정체감을 지닌 인격이 존재하는 경우를 말한다. 과거에는 다중성격장애multiple personality disorder라고 불리기도 했다. 해리성 정체감 장애의 진단기준은 다음과 같다. 첫째, 2개 이상의 다른 성격 상태를 특징적으로 나타내는 정체감의 분열을 보이며, 일부 문화에서는 빙의possession 경험으로 기술되기도 한다. 이러한 정체감의 분열은 자기감 및 자기주체감의 뚜렷한 비연속성을 포함하며 정서, 행동, 의식, 기억, 지각, 인지와 감각운동기능의 변화를 수반한다. 이러한 징후와 증상들은 다른 사람들에 의해 관찰되거나 본인에 의해 보고될 수 있다. 둘째, 일상적인 사건, 중요한 개인정보, 외상적 사건을 기억함에 있어 공백이 반복적으로 나타나는데, 이러한 기억의 실패는 일상적인 망각으로는 설명할 수 없는 것이다. 셋째, 이러한 증상으로 인해서 현저한 고통을 겪거나 사회적, 직업적 또는 중요한 기능에서 손상이 초래되어야 한다. 마지막으로, 이러한 증상은 널리 수용되는 문화적 또는 종교적 관습의 정상적인 일부가 아니어야 하며, 또한 물질(예: 알코올 중독)이나 신체적 질병(예: 간질발작)의 생리적 효과로 인한 것이 아니어야 한다.

(2) 해리성 기억상실증

해리성 기억상실증Dissociative Amnesia은 결코 잊을 수 없는 중요한 과거 경험을 기억하지 못하여 부적응을 겪게 되는 경우를 말한다. DSM-5에 따르면, 해리성 기억상실증의 핵심 증상은 중요한 자서전적 정보를 기억하지 못하는 것이다. 흔히 기억하지 못하는 자서전적 정보는 외상적인 것이나 스트레스를 주는 것으로서 이러한 기억상실은 일상적인 망각으로는 설명할 수 없는 것이어야 한다. 대부분의 경우, 해리성 기억상실증은 특정한 사건에 대한 부분적 또는 선택적 기억상실증으로 나타나지만 자기정체감과 생애 전체에 대한 전반적 기억상실증으로 나타나는 경우도 있다. DSM-5에서는 해리성 기억상실증을 해리성 둔주가 함께 나타나는 유형과 그렇지 않은 유형으로 구분하고 있다. 해리성 둔주dissociative fugue는 기억상실과 더불어 주거지를 이탈하여 떠돌거나 방황하는 행동을 의미한다.

(3) 이인증/비현실감 장애

이인증/비현실감 장애Depersonalization/Derealization Disorder의 첫 번째 특징은 이인증이나 비현실감을 지속적으로 또는 반복적으로 경험하는 것이다. 이인증depersonalization이란 자신의 생각, 감정, 감각, 신체 또는 행위에 관해서 생생한 현실로 느끼지 못하고 그것과 분리되거나 외부 관찰자가 된 경험(예: 지각경험의 변화, 시간감각의 이상, 자신이 낯설거나 없어진 듯한 느낌, 정서적 또는 신체적 감각의 둔화)을 뜻한다. 비현실감derealization은 주변 환경이 비현실적인 것으로 느껴지거나 그것과 분리된 듯한 느낌을 갖게 되는 경험(예: 사람이나 물체가 현실이 아닌 것으로 인식되거나 꿈이나 안개 속에 있는 것처럼 느껴지거나 생명이 없거나 왜곡된 모습으로 보이는 경험)을 뜻한다. 둘째, 이인증이나 비현실감을 경험하는 동안에 현실검증력은 손상되지 않은 채로 양호하게 유지된다. 예컨대, 자신이 기계가 된 듯한 이인증의 경험을 하는 동안에도 그런 느낌을 받을 뿐 자신이 실제로 기계가 아니라는 것은 인식한다. 셋째, 이러한 증상으로 인해서 임상적으로 심각한 고통이나 사회적, 직업적 또는 다른 중요한 기능 영역에서 심한 장해를 초래해야 한다. 이인증이나 비현실감은 흔한 경험이므로 증상이 명백한 고통이나 기능의 장해를 초래할 정도로 충분히 심한 경우에만 이인증/비현실감 장애로 진단될 수 있다. 마지막으로, 이인증이나 비현실감은 어떤 물질이나 신체적 질병에 의한 것이 아니어야 한다. 또한 이러한 증상은 다른 정신장애의 부수적 증상으로 흔히 나타나기 때문에, 만약 다른 정신장애(예: 정신분열증, 공황장애, 급성 스트레스 장애 또는 다른 해리성 장애)의 경과 중에만 발생하면 이인증/비현실감 장애의 진단을 내리지 않는다.

5) 우울장애

우울장애Depressive Disorders는 슬픔, 공허감, 짜증스러운 기분과 이에 수반되는 신체적 · 인지적 증상으로 인해 개인의 기능이 현저하게 저하되는 부적응 증상을 의미한다. 우울장애는 삶을 매우 고통스럽게 만드는 정신장애인 동시에 '심리적 독감'이라고 부를 정도로 매우 흔한 장애이기도 하다. DSM-5에서는 우울장애의 하위유형으로 주요 우울장애, 지속성 우울장애, 월경전기 불쾌장애, 파괴적 기분조절곤란 장애를 제시하고 있다.

(1) 주요 우울장애

주요 우울장애Major Depressive Disorder는 우울장애 중에서 가장 심한 증세를 나타내는 하위장애로서 그 진단기준은 다음과 같다. 첫째, 다음의 표에 제시된 9가지의 증상 중 5개 이상의 증상이 거의 매일 연속적으로 2주 이상 나타나야 난다. 이러한 5개 증상 중 적어도 하나는 (1)항의 지속적인 우울한 기분과 (2)항에 제시된 흥미나 즐거움의 현저한 저하를 반드시 포함해야 한다.

둘째, 이러한 우울 증상으로 인하여 임상적으로 심각한 고통이나 사회적, 직업적 또는 기타 중요한 기능 영역의 손상이 초래되어야 한다. 셋째, 우울 증상이 물질(남용하는 물질이나 치료약물)이나 일반적 의학적 상태(예: 갑상선 기능저하증)의 직접적인 생리적 효과에 의한 것이 아니어야 한다. 마지막으로, 우울 증상은 양극성 장애의 삽화로 나타나는 것이 아닐 뿐만 아니라 다른 정신장애에 의해서 더 잘 설명되는 것이 아니어야 한다.

우울장애는 가장 많은 사람이 고통받는 정신장애로 알려져 있다. 주요 우울장애의 경우, 평생 유병률이 여자는 10~25%이며 남자는 5~12%로 보고되고 있다. 시점 유병률은 여자의 경우 5~9%이며 남자의 경우는 2~3%이다. 역학연구마다 사용한 방법에 따라 유병률의 차이를 보이고 있지만, 우울장애는 정신장애 중에서 가장 유병률이 높은 장애다. 경미한 우울장애를 포함하여 우울장애의 유병률을 조사한 한 연구에 따르면, 한 시점에서 5~10%의 사람들이 우울장애로 고통받고 있으며, 일생 동안 20~25%의 사람들이 한 번 이상 우울장애를 경험한다고 한다.

주요 우울장애에 대한 핵심 증상

(1) 하루의 대부분, 그리고 거의 매일 지속되는 우울한 기분이 주관적 보고나 객관적 관찰을 통해 나타난다.
(2) 거의 모든 일상활동에 대한 흥미나 즐거움이 하루의 대부분 또는 거의 매일같이 뚜렷하게 저하되어 있다.
(3) 체중조절을 하고 있지 않은 상태에서 현저한 체중감소나 체중증가가 나타난다. 또는 현저한 식욕감소나 증가가 거의 매일 나타난다.
(4) 거의 매일 불면이나 과다수면이 나타난다.
(5) 거의 매일 정신운동성 초조나 지체를 나타낸다. 즉, 좌불안석이나 처져 있는 느낌이 주관적 보고나 관찰을 통해 나타난다.
(6) 거의 매일 피로감이나 활력상실을 나타낸다.
(7) 거의 매일 무가치감이나 과도하고 부적절한 죄책감을 느낀다.
(8) 거의 매일 사고력이나 집중력의 감소 또는 우유부단함이 주관적 호소나 관찰에서 나타난다.
(9) 죽음에 대한 반복적인 생각이나 특정한 계획 없이 반복적으로 자살에 대한 생각이나 자살 기도를 하거나 자살을 하기 위한 구체적 계획을 세운다.

(2) 지속성 우울장애

지속성 우울장애Persistent Depressive Disorder는 우울 증상이 2년 이상 지속적으로 나타나는 경우를 말한다. 지속성 우울장애는 2년 이상 지속되는 우울한 기분을 비롯하여 (1) 식욕부진이나 과식, (2) 불면이나 과다수면, (3) 활력의 저하나 피로감, (4) 자존감의 저하, (5) 집중력의 감소나 결정의 곤란, (6) 절망감 중 2가지 이상의 증상이 나타날 경우에 진단될 수 있다. 앞에서 소개한 주요 우울장애가 2년 이상 지속되면 지속성 우울장애로 진단명이 바뀌게 된다.

지속성 우울장애의 핵심 증상은 만성적인 우울감이다. 아울러 자신에 대한 부적절감, 흥미나 즐거움의 상실, 사회적 위축, 낮은 자존감, 죄책감, 과거에 대한 반추, 낮은 에너지 수준, 생산적 활동의 감소 등을 나타낸다. 지속성 우울장애는 비만성적 우울장애에 비해서 만성적인 경과를 보이기 때문에 실업, 재정적 곤란, 운동능력의 약화, 사회적 위축, 일상생활의 부적응이 더욱 심각하게 나타날 수 있다.

(3) 월경전기 불쾌장애

월경전기 불쾌장애Premenstrual Dysphoric Disorder는 여성의 경우 월경이 시작되기 전 주에 정서적 불안정성이나 분노감, 일상활동에 대한 흥미 감소, 무기력감과 집중곤란 등의 불쾌한 증상이 주기적으로 나타나는 경우를 말한다.

가임기 여성의 70~80%는 월경이 시작되기 직전에 유방 압통, 더부룩함, 정서적인 불안정감, 짜증스러움과 같은 다양한 징후를 경험한다. 대부분의 경우, 이러한 징후는 경미한 것이어서 특별한 치료가 필요하지 않다. 그러나 20~40%의 여성들은 이러한 월경전기의 징후가 심하여 일상생활에 어려움을 겪게 되는데, 이를 월경전기 증후군premenstrual syndrome이라고 한다. 특히 정서적 불안정성, 우울감, 불안, 짜증이나 분노, 의욕저하, 무기력감과 같은 다양한 정서적 증상이 나타나서 일상생활에 심각한 장해를 초래하게 되는 경우를 DSM-5에서는 월경전기 불쾌장애라고 지칭하고 있다.

(4) 파괴적 기분조절곤란 장애

파괴적 기분조절곤란 장애Disruptive Mood Dysregulation Disorder는 반복적으로 심한 분노를 폭발하는 행동을 나타내는 경우를 말한다. 주로 아동기나 청소년기에 나타나는 장애로서 자신의 불쾌한 기분을 조절하지 못하고 분노행동으로 표출하는 것이 주된 특징이다.

파괴적 기분조절곤란 장애의 핵심 증상은 만성적인 짜증irritability과 간헐적인 분노 폭발temper tantrum이다. 아동기의 만성적인 짜증은 성인기에 다른 우울장애로 진진되는 경향이 있다. 분노 폭발은 막무가내로 분노를 표출하며 공격적이고 파괴적인 행동을 나타내는 것으로 아동의 경우 흔히 다리를 뻗고 앉거나 드러누워 사지를 마구 휘저으며 악을 쓰며 울어대거나 욕을 하기도 한다. 이러한 분노 폭발은 어린아이에게서 종종 관찰되지만 만 6세가 되면 거의 사라지기 때문에 6세 이상의 연령에서 분노 폭발을 자주 나타내면 문제행동으로 간주된다.

6) 양극성 및 관련 장애

양극성 및 관련 장애Bipolar and Related Disorders는 기분이 지나치게 들떠서 매우 불안정하거나 산만해지고 무모한 행동을 하여 여러 가지 부적응적 문제를 유발하는 경우다. 최근의 많은 연구에서 양극성 장애가 원인, 경과, 예후의 측면에서 우울장애와 뚜렷한 차이를 지니는 것으로 밝혀지고 있다. 이러한 연구결과를 반영하여 DSM-5에서는 양극성 장애를 우울장애와 별개로 독립된 진단범주로 분류하고 양극성 및 관련 장애라는 명칭하에 제1형 양극성 장애, 제2형 양극성 장애, 순환감정 장애를 포함시키고 있다.

(1) 양극성 장애

양극성 장애Bipolar Disorder는 우울한 기분 상태와 고양된 기분 상태가 교차되어 나타나는 경우를 뜻한다. 기분이 몹시 고양된 조증 상태에서는 평소보다 훨씬 말이 많아지고 빨라지며, 행동이 부산해지고 자신감이 넘쳐 여러 가지 일을 벌이는 경향이 있다. 때로는 자신에 대한 과대망상적 사고를 나타내며, 잠도 잘 자지 않고 활동적으로 일하지만 실제로 이루어지는 일은 없으며, 결과적으로 현실적응에 심한 부적응적 결과를 나타내게 된다. 이러한 조증 상태가 나타나거나 우울장애 상태와 번갈아 나타나는 경우를 양극성 장애라고 하며, 조울증manic depressive illness이라고 불리기도 한다. 양극성 장애는 조증의 심한 정도에 따라 제1형과 제2형으로 구분되고 있다.

제1형 양극성 장애Bipolar I Disorder는 기분이 비정상적으로 고양되는 조증 상태를 특징적으로 나타내는 장애다. 이 장애의 진단기준은 다음과 같다. 첫째, 비정상적으로 의기양양하고 자신만만하거나 짜증스러운 기분을 나타내고, 목표 지향 행동이나 에너지 수준이 비정상적으로 증가된 상태가 일주일 이상 분명하게 지속되는 조증 삽화manic episode를 나타내야 한다. 둘째, 이러한 조증 삽화에서는 다음의 표에 제시되는 7가지 증상 중 3가지 이상(기분이 과민한 상태인 경우에는 4가지)이 심각한 정도로 나타나야 한다.

조증 삽화의 주요한 증상들

(1) 팽창된 자존심 또는 심하게 과장된 자신감
(2) 수면에 대한 욕구 감소(예: 단 3시간의 수면으로도 충분하다고 느낌)
(3) 평소보다 말이 많아지거나 계속 말을 하게 됨
(4) 사고의 비약 또는 사고가 연달아 일어나는 주관적인 경험
(5) 주의 산만(예: 중요하지 않거나 관계없는 외적 자극에 너무 쉽게 주의가 이끌림)
(6) 목표 지향적 활동(직장이나 학교에서의 사회적 또는 성적 활동)이나 흥분된 운동성 활동의 증가
(7) 고통스러운 결과를 초래할 쾌락적인 활동에 지나치게 몰두함(예: 흥청망청 물건 사기, 무분별한 성행위, 어리석은 사업 투자)

셋째, 이러한 증상이 물질(예: 남용하는 물질, 치료약물 또는 기타 치료)이나 신체적 질병(예: 갑상선 기능항진증)의 직접적인 생리적 효과로 인한 것이 아니어야 한다. 마지막으로, 이러한 기분장애가 심각하여 직업적응은 물론 일상생활에 현저한 곤란이 있거나 자신 및 타인을 해칠 가능성이 있어 입

원이 필요하거나 정신증적 양상(망상이나 환각)이 동반되면 제1형 양극성 장애로 진단된다.

제1형 양극성 장애는 가장 심한 형태의 양극성 장애로서 한 번 이상의 조증 삽화가 나타나는 모든 경우를 말한다. 흔히 제1형 양극성 장애를 지닌 사람들은 한 번 이상의 주요 우울 삽화major depressive episode를 경험한다. 주요 우울 삽화는 주요 우울장애의 증상이 2주일 이상 지속되는 경우를 뜻한다. 양극성 장애로 진단하기 위해서는 현재의 증상뿐만 아니라 과거의 병력을 자세하게 탐색해야 한다. 양극성 장애는 가장 최근에 나타난 기분 삽화와 그 심각도에 따라서 세부적 진단이 내려진다. 예컨대, 현재는 주요 우울 삽화를 나타내고 있지만 과거에 조증 삽화를 나타낸 적이 있는 경우에는 제1형 양극성 장애로 진단되며 가장 최근의 주요 우울 삽화와 그 심각도가 명시된다.

제2형 양극성 장애Bipolar II Disorder는 제1형 양극성 장애와 매우 유사하지만 조증 삽화의 증상이 상대적으로 미약한 경조증 삽화hypomanic episode를 보인다는 점에서 구분된다. 경조증 삽화는 평상시의 기분과는 분명히 다른, 의기양양하거나 고양된 기분이 적어도 4일간 지속된다. 아울러 7가지의 조증 증상 중 3가지 이상이 나타나지만, 이러한 조증 증상이 사회적 · 직업적 기능에 현저한 지장을 주지 않으며 입원이 필요할 정도로 심각하지 않을 뿐 아니라 정신증적 양상도 동반되지 않는다. 아울러 제2형 양극성 장애로 진단되려면, 과거에 한 번 이상의 경조증 삽화와 한 번 이상의 주요 우울 삽화를 경험한 적이 있어야 한다. 아울러 조증 삽화를 한 번도 경험한 적이 없어야 한다. 즉, 제2형 양극성 장애는 과거에 주요 우울장애를 경험한 적이 있으며 동시에 기분이 고양되는 비정상적인 기분 상태를 나타내지만 조증 삽화보다 그 심각도가 미약한 경조증 삽화를 나타내는 경우를 말한다. 제1형 양극성 장애와 제2형 양극성 장애는 증상적 측면에서는 매우 유사하지만 역학적 양상이나 원인에 있어서 차이가 있다는 연구결과가 누적됨으로써 진단적인 구분이 이루어지고 있다.

(2) 순환감정 장애

순환감정 장애Cyclothymic Disorder는 우울증 또는 조증 삽화에 해당되지 않는 경미한 우울 증상과 경조증 증상이 번갈아가며 2년 이상(아동과 청소년의 경우는 1년 이상) 장기적으로 나타나는 경우를 말한다. 2년의 기간(아동과 청소년의 경우는 1년 이상) 중 적어도 반 이상의 기간에 우울이나 경조증 증상이 나타나야 하며 아무런 증상이 없는 기간이 2개월 이하여야 한다. 아울러 조증 삽화, 경조증 삽화, 주요 우울 삽화를 한 번도 경험한 적이 없어야 한다. 주기적인 우울 및 경조증 증상으로 인해서 현저한 고통을 겪거나 일상생활의 기능에 현저한 지장이 초래되어야 한다.

7) 정신분열 스펙트럼 및 다른 정신증적 장애

정신분열증은 망상, 환각, 혼란스러운 언어를 비롯하여 현실을 왜곡하는 부적응 증상들을 나타내는 심각한 정신장애다. 임상장면에서 접하게 되는 정신장애 중에는 이러한 정신분열증과 유사한 증상을 나타내지만 그 심각도나 지속기간이 다른 다양한 장애들이 있다. 최근에는 이러한 장애들이 정신분열증과 공통적인 유전적 또는 신경생물학적 기반을 지닌다는 연구결과들이 제시되었다. 이러한 연구결과에 근거하여 정신분열증과 유사한 증상을 나타낼 뿐만 아니라 공통적인 원인적 요인을 지닌 것으로 추정되는 다양한 정신장애들을 정신분열 스펙트럼 장애Schizophrenia Spectrum Disorders라고 지칭하고 있다. DSM-5에서는 정신분열 스펙트럼 및 다른 정신증적 장애Schizophrenia Spectrum and Other Psychotic Disorders라는 진단범주 아래 정신분열증, 분열정동장애, 정신분열형 장애, 단기 정신증적 장애, 망상장애, 분열형 성격장애, 약화된 정신증 증후군 등을 포함시키고 있다.

(1) 정신분열증[1)]

정신분열증Schizophrenia은 망상, 환각, 혼란스러운 언어를 특징적으로 나타내는 매우 심각한 정신장애다. 정신분열증은 정신증psychosis에 속하는 대표적인 장애로서 현실검증력이 손상되어 비현실적인 지각과 비논리적인 사고를 나타내며 혼란스러운 심리 상태에 빠져들게 된다. 이러한 증상들로 인해서 일상생활의 적응에 필요한 심리적 기능이 현저하게 저하된다. 증상이 시작되는 초기에 적절하고 집중적인 치료를 받지 못하여 만성화되면, 정신분열증은 한 인간을 황폐화시켜 사회에 적응하기 어려운 폐인으로 만들 수 있는 무서운 정신장애이기도 하다. 정신분열증에 대한 DSM-5의 진단기준을 소개하면 아래와 같다.

정신분열증의 진단기준

A. 다음 중 2개 이상의 증상(1, 2, 3 중 하나는 반드시 포함)이 1개월 동안(성공적으로 치료되었을 경우에는 그 이하일 수

1) 정신분열증은 그 명칭이 주는 부정적인 인상과 편견을 피하기 위해 조현병(調絃病)이라고 지칭하기도 한다. 조현병은 마치 현악기가 정상적으로 조율되지 못한 경우처럼 혼란스러운 상태를 나타내는 질병이라는 의미를 담고 있다.

도 있음) 상당 부분의 시간에 나타나야 한다.

1. 망상
2. 환각
3. 혼란스러운 언어(예: 빈번한 주제 이탈이나 뒤죽박죽된 표현)
4. 심하게 혼란스러운 행동이나 긴장증적 행동
5. 음성 증상들(예: 감소된 정서표현이나 무의욕증)

B. 이러한 장해가 시작된 후 상당 부분의 시간 동안, 한 가지 이상의 주요한 영역(직업, 대인관계, 자기 돌봄)의 기능수준이 장해의 시작 전보다 현저하게 저하되어야 한다(아동기나 청소년기에 시작될 경우에는 대인관계, 학업적 또는 직업적 기능에서 기대되는 수준에 이르지 못해야 한다.)

C. 장해가 계속 진행되고 있다는 징후가 최소한 6개월 이상 지속되어야 한다. 이 기간에는 기준 A를 충족시키는 증상들(즉, 활성기의 증상)을 나타내는 최소한 1개월과 더불어 전구기 또는 관해기의 증상이 나타나는 기간을 포함한다. 이러한 전구기나 관해기 동안, 장해의 징후는 단지 음성 증상만으로 나타나거나 기준 A에 열거된 증상 중 2개 이상의 증상이 약화된 형태(예: 기이한 신념, 비일상적인 지각경험)로 나타날 수 있다.

(2) 분열정동장애

분열정동장애Schizoaffective Disorder는 정신분열증의 증상과 동시에 기분 삽화(주요 우울 또는 조증 삽화)가 일정한 기간 동안 지속적으로 나타나는 경우를 말한다. 즉, 정신분열증의 주요 증상에 대한 첫 번째 진단기준을 충족시키는 동시에 주요 우울 또는 조증 삽화가 함께 나타나는 경우다. 아울러 기분 삽화가 없는 상태에서 망상이나 환각이 적어도 2주 이상 나타나야 한다. 분열정동장애는 동반하는 기분 삽화에 따라 우울형과 양극형으로 구분된다. 이 장애는 정신분열 스펙트럼 장애 중에서 정신분열증과 함께 증상의 심각도와 부적응 정도가 가장 심한 장애에 속한다.

(3) 정신분열형 장애

정신분열형 장애Schizophreniform Disorder는 정신분열증과 동일한 임상적 증상을 나타내지만 장애의 지속기간이 1개월 이상 6개월 이하인 경우를 말한다. 정신분열형 장애처럼 정신분열증의 증상이 6개월 이전에 쉽게 호전되는 경우는 치료나 예후에 있어서 정신분열증과 구별될 필요가 있다. 정신분열형 장애로 진단되는 2가지의 경우가 있다. 첫째는 정신분열증의 증상이 나타나서 6개월 이전에 회복된 경우로서 무조건 정신분열형 장애로 진단된다. 다른 경우는 현재 정신분열증의 증상이 지속되고 있지만 정신분열증의 진단기준에서 요구되는 6개월이 경과되지 않은 경우로서 이때는 정신분열형 장애로 일단 진단한다. 그러나 환자의 증상이 6개월 이상 지속될 경우에는 진단이 정신분열증으로 바뀌게 된다.

(4) 단기 정신증적 장애

단기 정신증적 장애Brief Psychotic Disorder는 정신분열증의 주요 증상(망상, 환각, 혼란스러운 언어, 전반적으로 혼란스럽거나 긴장증적 행동) 중 한 가지 이상이 하루 이상 1개월 이내로 짧게 나타나며 병전 상태로 완전히 회복되는 경우를 말한다. 단기 정신증적 장애 상태에 있는 사람은 전형적으로 격렬한 감정적인 동요나 혼란을 경험한다. 비록 증상이 짧은 기간 동안 나타나지만, 이 기간 동안에 개인의 적응기능이 심하게 손상될 수 있으며 잘못된 판단이나 망상에 의해 위험한 행동을 할 수 있기 때문에 철저한 보호와 감독이 필요하다.

(5) 망상장애

망상장애Delusional Disorder는 한 가지 이상의 망상을 최소한 1개월 이상 지속적으로 나타내지만 정신분열증의 진단기준에는 해당되지 않는 경우를 말한다. 망상장애를 나타내는 사람들은 망상과 관련된 생활영역 외에는 기능적인 손상이 없으며 뚜렷하게 이상하거나 기괴한 행동을 나타내지 않는다.

(6) 분열형 성격장애

분열형 성격장애Schizotypal Personality Disorder는 타인과의 친밀한 인간관계를 불편해하며, 경미한 인지적 왜곡과 더불어 기괴한 행동을 나타내는 성격장애다. 이러한 성격장애를 지닌 사람은 심각한 사회적 부적응을 경험하며, 심한 스트레스를 받으면 일시적으로 정신증적 증상을 나타내기도 한다. 분열형 성격장애는 정신분열 스펙트럼 장애에 속하는 동시에 성격장애에 속하는 장애이기도 하다.

(7) 약화된 정신증 증후군

약화된 정신증 증후군Attenuated Psychosis Syndrome은 정신증과 유사한 증상을 나타내지만 증상의 심각도가 덜하고 지속기간이 짧은 경우를 말한다. DSM-5에 따르면, 약화된 정신증 증후군은 정신분열증의 주된 증상인 망상, 환각, 혼란스러운 언어 중 한 개 이상의 증상이 약화된 형태로 나타나고 현실검증력도 비교적 양호하지만 임상적 주의를 기울여야 할 만큼 증상의 심각도나 빈도가 충분한 경우를 뜻한다.

8) 성격장애

성격장애Personality Disorders는 성격적 특이성으로 인해 사회적 기대와 괴리된 행동을 지속적으로 나타내게 되는 부적응적 행동 양상을 말한다. 성격장애는 다른 정신장애와는 달리, 특정한 계기로 인해 증상이 나타나기보다는 어린 시절부터 점진적으로 특이한 성격이 형성되며 이러한 성격 특성이 굳어지게 되는 성인기(보통 18세 이후)에 진단된다. DSM-5에서는 성격장애를 다음과 같이 세 군집의 10가지 하위유형으로 나누고 있다.

(1) A군 성격장애

A군 성격장애Cluster A Personality Disorders는 기이하고 괴상한 행동 특성을 나타내는 성격장애로서 편집성 성격장애, 분열성 성격장애, 분열형 성격장애가 이에 속한다.

편집성 성격장애Paranoid Personality Disorder는 타인의 의도를 적대적인 것으로 해석하는 불신과 의심을 주된 특징으로 한다. 이러한 성격을 지닌 사람은 다른 사람이 자신을 부당하게 이용하고 피해를 주고 있다고 왜곡하여 생각하고, 친구의 우정이나 배우자의 정숙성을 자주 의심하며, 자신에 대한 비난이나 모욕을 잊지 않고 가슴에 담아두어 상대방에게 보복하는

성격장애의 분류

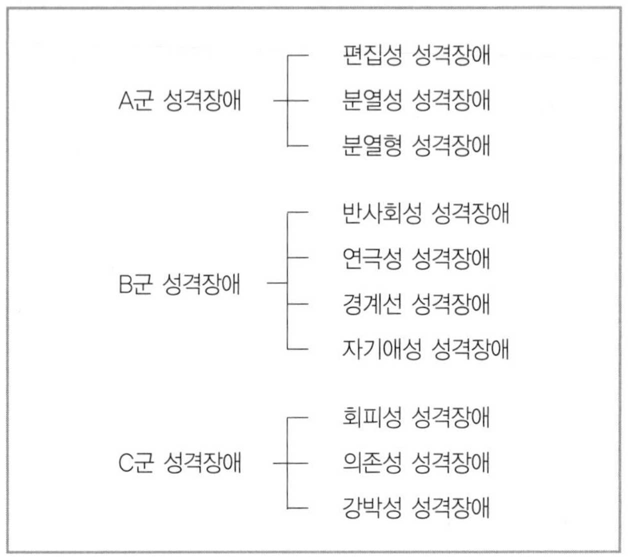

경향이 있다.

분열성 성격장애Schizoid Personality Disorder는 감정표현이 없고, 대인관계를 기피하여 고립된 생활을 하는 경우를 뜻한다. 이런 성격의 소유자는 사람을 사귀려는 욕구가 없고, 생활 속에서 거의 즐거움을 느끼지 못하며, 타인의 칭찬이나 비난에 무관심하고, 주로 혼자 하는 활동에 종사하는 경우가 많다.

분열형 성격장애Schizotypal Personality Disorder는 친밀한 인간관계를 불편해하고, 인지적 또는 지각적 왜곡이 나타나며, 기괴한 행동을 나타내는 경우를 뜻한다. 이런 성격을 지닌 사람은 심한 사회적 불안을 느끼고, 마술적 사고나 기이한 신념에 집착하며, 말이 상당히 비논리적이고, 비현실적이며, 기괴한 외모나 행동을 나타내는 경향이 있다.

(2) B군 성격장애

B군 성격장애Cluster B Personality Disorders는 극적이고 감정적이며 변화가 많은 행동이 주된 특징으로서 반사회성 성격장애, 연극성 성격장애, 경계선 성격장애, 자기애성 성격장애가 있다.

반사회성 성격장애Antisocial Personality Disorder는 사회적 규범이나 타인의 권리를 무시하는 행동 양상을 뜻하고, 거짓말 · 사기 · 무책임한 행동 · 폭력적 행동 · 범법행위를 보이며, 이러한 행동에 대해서 후회나 죄책감을 느끼지 않는 경향이 있다.

연극성 성격장애Histrionic Personality Disorder는 과도하고 극적인 감정표현을 하고 지나치게 타인의 관심과 주의를 끄는 행동이 주된 특징이다. 이런 성격을 지닌 사람은 항상 사람들 사이에서 주목받는 위치에 서고자 노력하고, 외모에 신경을 많이 쓰며, 자기 자신을 과장된 언어로 나타내는 경향이 강하다.

경계선 성격장애Borderline Personality Disorder는 대인관계, 자기상, 감정 등이 매우 불안정한 것이 특징이며, 남들로부터 버림

받지 않으려는 처절한 노력을 하는 등 대인관계가 강렬하지만 불안정한 양상을 나타낸다. 이런 성격의 소유자는 자기 자신이 어떤 사람인지에 대한 분명한 개념이 없으며, 만성적으로 공허감과 분노감을 경험하고, 매우 충동적인 행동을 나타내며, 자살이나 자해적 행동을 하기도 한다.

자기애성 성격장애Narcissistic Personality Disorder는 자신이 대단히 중요한 사람이라는 웅대한 자기상을 지니고 있어서 다른 사람으로부터 찬탄을 받고자 하는 욕구가 강한 반면, 자신을 위해 타인을 이용하며, 타인의 감정을 이해하는 공감 능력이 결여되어 있는 특성이 있다.

(3) C군 성격장애

C군 성격장애Cluster C Personality Disorders는 불안과 두려움을 지속적으로 지니는 특징이 있으며 여기에는 회피성 성격장애, 의존성 성격장애, 강박성 성격장애가 있다.

회피성 성격장애Avoidant Personality Disorder는 타인으로부터 부정적인 평가를 받는 것에 대해 과도하게 예민하며, 사회적 상황에서 지나치게 감정을 억제하고 부적절감을 많이 느끼게 되어 대인관계를 회피하는 성격 특성을 뜻한다.

의존성 성격장애Dependent Personality Disorder는 타인으로부터 보살핌을 받고자 하는 과도한 욕구를 지니고 있어서, 이를 위해 타인에게 지나치게 순종적이고 굴종적인 행동을 통해 의존하는 성격 특성을 말한다.

강박성 성격장애Obsessive-Compulsive Personality Disorder는 질서정연함, 완벽함, 자기통제, 절약에 과도하게 집착하며, 지나치게 꼼꼼하고 완고하며 사소한 것에 집착하는 성격 특성을 의미한다.

이상의 성격특성이 지나치게 경직되고 다양한 삶의 장면에 광범위하게 나타나서 사회적 또는 직업적 적응에 현저한 문제를 야기하는 경우에 성격장애로 진단될 수 있다. 또한 이러한 성격특성은 흔히 사춘기 이전부터 나타나기 시작하여 오랜 기간 지속되는 것이 일반적이다.

9) 신체 증상 및 관련 장애

신체 증상 및 관련 장애Somatic Symptom and Related Disorders는 심리적 원인에 의해서 다양한 신체적 증상을 나타내는 경우를 말한다. 이러한 장애를 지닌 사람은 흔히 다양한 신체적 증상을 나타내지만 의학적 검사에서는 그러한 증상을 설명할 수 있는 신체적 이상이 발견되지 않는다. 따라서 이러한 신체적 증상의 발생과 유지에는 심리적 원인이 기여하는 것으로 추정되고 있다. DSM-5에서는 신체 증상 및 관련 장애를 신체증상 장애, 질병불안장애, 전환장애, 허위성 장애의 하위유형으로 구분하고 있다.

(1) 신체증상장애

신체증상장애Somatic Symptom Disorder는 한 개 이상의 신체적 증상을 고통스럽게 호소하거나 그로 인해 일상생활이 현저하게 방해받는 경우를 의미한다. DSM-5에 따르면, 그러한 신체 증상에 대한 과도한 사고, 감정 또는 행동이나 증상과 관련된 과도한 건강염려를 다음 중 하나 이상의 방식으로 나타낸다: (1) 자신이 지닌 증상의 심각성에 대해서 과도한 생각을 지속적으로 지닌다, (2) 건강이나 증상에 대해서 지속적으로 높은 수준의 불안을 나타낸다, (3) 이러한 증상과 건강염려에 대해서 과도한 시간과 에너지를 소비한다. 신체 증상에 대한 이러한 걱정과 염려가 6개월 이상 지속될 때 신체증상장애로 진단된다.

신체증상장애를 지닌 사람은 전형적으로 다양한 신체 증상을 호소한다. 그러나 때로는 한 가지의 심각한 증상을 호소하기도 하며, 가장 흔한 증상은 통증이다. 호소하는 증상은 특정한 신체부위의 통증처럼 구체적인 것일 수도 있고 피로감처럼 막연한 것일 수도 있다. 이러한 신체 증상은 실제로 신체적 질병과 관련될 수도 있고 그렇지 않을 수도 있다. 그러나 심각한 질병과는 관련되지 않은 정상적인 신체적 감각이거나 불편감을 호소하는 경우가 흔하다.

신체증상장애의 주된 특징 중 하나는 질병과 관련된 과도한 걱정이다. 이러한 장애를 지닌 사람은 자신의 신체 증상을 매우 위협적인 것으로 평가하고 건강에 관한 최악의 상황을 상상한다. 그와 반대되는 증거를 접하더라도, 이들은 자신의 증상이 심각함을 두려워한다. 심한 신체증상장애의 경우에는 이러한 건강염려가 개인의 삶을 지배하는 중심적인 주제가 되기도 한다.

(2) 질병불안장애

질병불안장애Illness Anxiety Disorder는 자신이 심각한 질병에 걸렸다는 집착과 공포를 나타내는 경우를 말하며 건강염려증Hypochodriasis이라고 불리기도 한다. 질병불안장애에 대한 DSM-5의 진단기준은 다음과 같다. 첫째, 기준은 심각한 질병을 지녔다는 생각에 과도하게 집착하는 것이다. 둘째, 신체적 증상이 존재하지 않거나 존재하더라도 그 강도가 경미해야 한다. 다른 질병을 지니고 있는 경우라 하더라도 이러한 질병 집착은 명백히 과도한 것이어야 한다. 셋째, 건강에 대한 불안 수준이 높으며 개인적 건강 상태에 관한 사소한 정보에도 쉽게 놀란다. 넷째, 건강과 관련된 과도한 행동(예: 질병의 증거를 찾기 위한 반복적인 검사)이나 부적응적 회피행동(예: 의사와의 면담 약속을 회피함)을 나타낸다. 마지막으로, 이러한 질병 집착은 적어도 6개월 이상 지속되어야 하며, 두려워하는 질병이 이 기간 동안에 변화할 수 있다. 질병불안장애는 의학적 진료를 추구하는 유형과 회피하는 유형으로 세분될 수 있다.

(3) 전환장애

전환장애Conversion Disorder는 주로 신경학적 손상을 시사하는 한 가지 이상의 신체적 증상을 나타내는 경우를 말하며 기능성 신경증상 장애Functional Neurological Symptom Disorder라고 불리기도 한다. 전환장애에 대한 DSM-5의 진단기준은 다음과 같다. 첫째, 의도적인 운동 기능이나 감각 기능의 변화를 나타내는 한 가지 이상의 증상이 있어야 한다. 둘째, 이러한 증상과 확인된 신경학적 또는 의학적 상태 간의 불일치를 보여주는 임상적 증거가 있어야 한다. 셋째, 이러한 증상이 다른 신체적 질병이나 정신장애로 더 잘 설명되지 않아야 한다. 이러한 증상이나 손상으로 인해서 현저한 고통을 겪거나 일상생활의 중요한 기능에서 현저한 장해가 나타날 경우에 전환장애로 진단된다.

(4) 허위성 장애

허위성 장애Factitious Disorder는 환자의 역할을 하기 위하여 신체적 또는 심리적 증상을 의도적으로 만들어내거나 위장하는 경우를 말한다. 이러한 증상으로 인하여 아무런 현실적인 이득(예: 경제적 보상, 법적 책임의 회피 등)이 없음이 분명하며, 다만 환자 역할을 하려는 심리적 욕구에 기인한 것으로 추정될 때 이러한 진단이 내려진다. 예를 들어, 스스로 철사를 삼켜 위장에 궤양을 만들어 치료를 위해 병원에 입원하거나 정신장애와 유사한 증상을 나타내기 위해 향정신성 약물을 몰래 복용하는 환자의 경우인데, 이러한 행동으로 인해 환자가 얻는 현실적 이득을 발견할 수 없을 때 허위성 장애로 진단하게 된다.

10) 급식 및 섭식 장애

급식 및 섭식 장애Feeding and Eating Disorders는 개인의 건강과 심리사회적 기능을 현저하게 방해하는 부적응적인 섭식행동과 섭식-관련 행동을 의미한다. DSM-5에서는 급식 및 섭식 장애의 하위유형으로 신경성 식욕부진증, 신경성 폭식증, 폭식장애, 이식증, 반추장애, 회피적/제한적 음식섭취 장애를 제시하고 있다.

(1) 신경성 식욕부진증

신경성 식욕부진증Anorexia Nervosa은 체중 증가와 비만에 대한 극심한 두려움을 지니고 있어서 음식섭취를 현저하게 감소시키거나 거부함으로써 체중이 비정상적으로 저하되는 경우를 말한다.

신경성 식욕부진증에 대한 DSM-5의 기준은 다음과 같다. 첫째, 필요한 것에 비해서 음식섭취(또는 에너지 주입)를 제한함으로써 나이, 성별, 발달수준과 신체건강에 비추어 현저한 저체중 상태를 초래한다. 현저한 저체중이라 함은 정상체중의 최저수준 이하의 체중을 의미한다. 둘째, 심각한 저체중임에도 불구하고 체중 증가와 비만에 대한 극심한 두려움을 지니거나 체중 증가를 방해하는 지속적인 행동을 나타낸다. 셋째, 체중과 체형을 왜곡하여 인식하고, 체중과 체형이 자기평가에 지나친 영향을 미치거나 현재 나타내고 있는 체중미달의 심각함을 지속적으로 부정한다. 이러한 특성을 나타낼 경우 신경성 식욕부진증으로 진단되며, 음식섭취를 거부한다는 의미에서 거식증拒食症이라고 불리기도 한다.

(2) 신경성 폭식증

신경성 폭식증Bulimia Nervosa은 짧은 시간 내에 많은 양을 먹는 폭식행동과 이로 인한 체중 증가를 막기 위해 구토 등의 보상행동이 반복되는 경우를 말한다. 이러한 장애를 지닌 사람들은 보통 사람들이 먹는 것보다 훨씬 많은 양의 음식을 단기간에 먹어 치우는 폭식행동을 나타내며, 이런 경우에는 음식 섭취를 스스로 조절할 수 없게 된다. 이렇게 폭식을 하고 나면 체중 증가에 대한 두려움으로 인해 심한 자책을 하게 되며 스스로 구토를 하거나 이뇨제, 설사제, 관장약 등을 사용하여 체중을 감소시키기 위한 보상행동을 하게 된다.

(3) 폭식장애

폭식장애Binge Eating Disorder는 폭식을 일삼으면서 자신의 폭식에 대해 고통을 경험하지만 음식을 토하는 등의 보상행동은 나타내지 않는 경우를 말한다. 폭식장애는 보상행동을 나타내지 않는다는 점에서 신경성 폭식증과 구별된다.

(4) 이식증

이식증Pica은 영양분이 없는 물질이나 먹지 못할 것(예: 종이, 천, 흙, 머리카락)을 적어도 1개월 이상 지속적으로 먹는 경우를 말한다. 섭취하는 물질은 나이에 따라 다양하다. 유아와 어린 아동은 전형적으로 종이, 헝겊, 머리카락, 끈, 회반죽, 흙 등을 먹는 반면, 나이가 더 든 아동은 동물의 배설물, 모래, 곤충, 나뭇잎, 자갈 등을 먹기도 한다.

(5) 반추장애

반추장애Rumination Disorder는 음식물을 반복적으로 토해내거나 되씹는 행동을 1개월 이상 나타내는 경우를 말한다. 반추장애의 핵심 증상은 반복적인 음식역류이며, 반추장애를 지닌 사람들은 작은 노력으로도 부분적으로 소화된 음식을 쉽게 토해낸다. 위장장애나 뚜렷한 구역질 반응이 없는 상태에서 부분적으로 소화된 음식을 입 밖으로 뱉어내거나 되씹은 후 삼키는 행동을 나타낸다.

(6) 회피적/제한적 음식섭취 장애

회피적/제한적 음식섭취 장애Avoidant/Restrictive Food Intake Disorder는 6세 이하의 아동이 지속적으로 먹지 않아 1개월 이상 심각한 체중 감소가 나타나는 경우를 말한다. 이러한 급식장애가 있는 아동은 안절부절못하며 먹는 동안에 달래기가 어렵다. 이들은 정서적으로 무감각하거나 위축되어 있고 발달지체를 보이는 경우가 많다. 때로는 부모-아동의 상호작용 문제(예: 공격적이거나 배척적인 태도로 부적절하게 음식을 주거나, 유아의 음식 거부에 대해 신경질적으로 반응하는 경우)가 유아의 급식 문제를 일으키거나 악화시킬 수 있다.

11) 수면-각성 장애

수면에 문제가 생겨서 주간의 각성 유지에 어려움이 초래되는 경우가 수면-각성 장애Sleep-Wake Disorders다. DSM-5에서는 수면-각성 장애를 불면장애, 과다수면장애, 수면발작증, 호흡관련 수면장애, 일주기 리듬 수면-각성 장애, 수면이상증(비REM 수면-각성 장애, 악몽장애, REM 수면행동 장애, 초조성 다리 증후군)으로 구분하고 있다. 수면-각성 장애의 하위유형과 핵심 증상을 소개하면 아래의 표와 같다.

◆ 수면-각성 장애의 하위유형과 핵심 증상

하위장애	핵심 증상
불면장애	자고자 하는 시간에 잠을 이루지 못하거나 밤중에 자주 깨어 1개월 이상 수면부족 상태가 지속됨
과다수면장애	충분히 수면을 취했음에도 졸린 상태가 지속되거나 지나치게 많은 잠을 자게 됨
수면발작증	낮에 갑자기 근육이 풀리고 힘이 빠지면서 참을 수 없는 졸림으로 인해 부적절한 상황에서 수면 상태에 빠지게 됨
호흡관련 수면장애	수면 중 자주 호흡곤란이 나타나서 수면에 방해를 받게 됨
일주기리듬 수면-각성 장애	평소의 수면주기와 맞지 않는 수면상황에서 수면에 곤란을 경험하게 됨

수면이상증	비REM 수면-각성 장애	수면 중에 잠자리에서 일어나 걸어 다니거나 강렬한 공포를 느껴 자주 잠에서 깨어나게 됨
	악몽장애	수면 중에 공포스러운 악몽을 꾸게 되어 자주 깨어나게 됨
	REM수면 행동장애	REM수면 단계에서 소리를 내거나 옆 사람을 다치게 할 수 있는 움직임을 반복적으로 나타냄
	초조성 다리 증후군	수면 중 다리에 불쾌한 감각을 느끼며 다리를 움직이고자 하는 충동을 반복적으로 느끼게 됨

12) 신경발달장애

신경발달장애Neurodevelopmental Disorders는 중추신경계, 즉 뇌의 발달 지연 또는 뇌 손상과 관련된 것으로 알려진 정신장애를 포함하고 있다. 심리사회적 문제보다는 뇌의 발달장애로 인해 흔히 생의 초기부터 나타나는 아동기 및 청소년기의 정신장애를 포함하고 있다. 신경발달장애는 다음과 같은 6가지 하위장애로 분류되고 있다: (1) 지적 장애, (2) 의사소통 장애, (3) 자폐 스펙트럼 장애, (4) 주의력 결핍/과잉행동 장애, (5) 특정 학습장애, (6) 운동 장애. 신경발달장애의 하위유형과 핵심 증상을 소개하면 다음의 표와 같다.

◆ **신경발달장애의 하위유형과 핵심 증상**

<table>
<tr><th colspan="2">하위장애</th><th>핵심 증상</th></tr>
<tr><td colspan="2">지적 장애</td><td>지적 능력이 현저하게 낮아서 학습 및 사회적 적응에 어려움을 나타냄</td></tr>
<tr><td rowspan="4">의사소통 장애</td><td>언어 장애</td><td>언어의 발달과 사용에 지속적인 곤란을 나타냄</td></tr>
<tr><td>발화음 장애</td><td>발음의 어려움으로 인한 언어적 의사소통의 곤란</td></tr>
<tr><td>아동기-발생 유창성 장애</td><td>말더듬기로 인한 유창한 언어적 표현의 곤란</td></tr>
<tr><td>사회적 소통장애</td><td>언어적 · 비언어적 의사소통 기술을 사회적 상황에서 적절하게 사용하지 못함</td></tr>
<tr><td colspan="2">자폐 스펙트럼 장애</td><td>사회적 상호작용과 의사소통의 심각한 곤란, 제한된 관심과 흥미 및 상동적 행동의 반복</td></tr>
<tr><td colspan="2">주의력 결핍/과잉행동 장애</td><td>주의집중의 곤란, 산만하고 부주의한 행동, 충동적인 과잉행동</td></tr>
<tr><td colspan="2">특정 학습장애</td><td>읽기, 쓰기, 수리적 계산을 학습하는 것이 어려움</td></tr>
<tr><td rowspan="3">운동 장애</td><td>틱 장애</td><td>신체 일부를 갑작스럽게 움직이거나 소리를 내는 부적응적 행동의 반복</td></tr>
<tr><td>발달성 운동조정 장애</td><td>운동발달이 늦고 동작이 현저하게 미숙함</td></tr>
<tr><td>정형적 동작장애</td><td>특정한 패턴의 행동을 아무런 목적 없이 반복함</td></tr>
</table>

13) 물질-관련 및 중독 장애

물질-관련 및 중독 장애Substance-Related and Addictive Disorders는 술, 담배, 마약과 같은 중독성 물질을 사용하거나 중독성 행위에 몰두함으로써 생겨나는 다양한 부적응적 증상을 포함하고 있다. 이 장애범주는 크게 물질-관련 장애substance-related disorders와 비물질-관련 장애non-substance-related disorders로 구분된다.

물질-관련 장애는 물질 사용 장애substance use disorders와 물질 유도성 장애substance-induced disorders로 구분되며 어떤 물질에 의해서 부적응 문제가 생겨나느냐에 따라 10가지 하위장애로 구분된다. 물질-관련 장애를 유발할 수 있는 물질로는 알코올, 타바코, 카페인, 대마계의 칸나비스, 환각제, 흡입제, 아편류, 진정제 · 수면제 또는 항불안제, 흥분제, 기타 물질(예: 스테로이드, 코르티솔, 카바 등)이 있으며 물질별로 구체적인 진단이 가능하다. 예컨대, 알코올 관련 장애는 알코올 사용 장애, 알코올 중독, 알코올 금단, 알코올 유도성 정신장애 등으로 구분되어 진단될 수 있다.

비물질-관련 장애로는 도박 장애Gambling Disorder가 있다. 도박 장애는 12개월 이상의 지속적인 도박행동으로 인해 심각한 적응문제와 고통을 경험하는 경우를 뜻한다. 도박 장애의 주된 증상으로는 쾌락을 얻기 위해 점점 더 많은 돈을 거는 도박의 욕구, 도박에 집착하며 몰두함, 도박을 하지 못하면 안절부절못함, 도박을 숨기기 위한 반복적인 거짓말 등이 있다.

물질-관련 및 중독 장애의 하위유형과 핵심 증상을 소개하면 다음의 표와 같다.

◆ 물질-관련 및 중독 장애의 하위유형과 핵심 증상

하위장애			핵심 증상
물질-관련 장애	물질 사용 장애		술, 담배, 마약과 같은 중독성 물질을 사용하거나 중독성 행위에 몰두함으로써 생겨나는 다양한 부적응적 증상
	물질 유도성 장애	물질 중독	특정한 물질의 과도한 복용으로 인해 일시적으로 나타나는 부적응적 증상
		물질 금단	물질 복용의 중단으로 인해 일시적으로 나타나는 부적응적 증상
		물질/약물 유도성 정신장애	물질 남용으로 인해 일시적으로 나타나는 정신장애 증상
비물질-관련 장애	도박 장애		심각한 부적응 문제를 유발하는 지속적인 도박행동

14) 성기능 장애

성기능 장애Sexual Dysfunctions는 정상적인 성행위 과정에서 일어나는 성적 욕구, 성적 흥분, 절정감 반응의 곤란을 의미한다. DSM-5에서는 성기능 장애를 다양한 하위장애로 나누고 있으며 남성과 여성에게 나타나는 장애를 구분하고 있다. 남성에게 나타나는 성기능 장애로는 남성 성욕감퇴 장애, 발기

장애, 조루증, 지루증이 있으며, 여성에게 나타나는 성기능 장애로는 여성 성적 관심 및 흥분장애, 여성 절정감 장애, 생식기-골반 통증/삽입 장애가 있다. 성기능 장애의 하위유형과 핵심 증상을 제시하면 다음의 표와 같다.

◆ **성기능 장애의 하위유형과 핵심 증상**

하위장애		핵심 증상
남성 성기능 장애	남성 성욕감퇴 장애	성적 욕구가 없거나 현저하게 저하됨
	발기장애	성행위를 하기 어려울 만큼 음경이 발기되지 않음
	조루증	여성이 절정감에 도달하기 전에 미리 사정을 하게 됨
	지루증	사정의 어려움으로 인해 성적 절정감을 느끼지 못함
여성 성기능 장애	여성 성적 관심 및 흥분장애	성적 욕구가 현저하게 저하되어 있거나 성적인 자극에도 신체적 흥분이 유발되지 않음
	여성 절정감 장애	성행위 시에 절정감을 거의 느끼지 못함
	생식기-골반 통증/삽입 장애	성교 시에 생식기나 골반에 지속적인 통증을 경험함

15) 성도착 장애

성도착 장애Paraphilic Disorders는 성행위 대상이나 성행위 방식에서 비정상성을 나타내는 장애로서 변태성욕증이라고 하기도 한다. 인간이 아닌 대상(예: 동물, 물건)을 성행위 대상으로 삼거나, 아동을 비롯하여 동의하지 않은 사람을 대상으로 성행위를 하거나, 자신이나 상대방이 고통이나 굴욕감을 느끼게 하는 성행위 방식이 이에 포함된다.

성도착 장애의 진단기준은 '부적절한 대상이나 목표'에 대해서 강렬한 성적 욕망을 느끼고 성적 상상이나 행위를 반복적으로 나타내는 것이다. 여기에서 의미하는 부적절한 성적 대상이나 목표는 구체적으로 다음과 같다. 첫째, 인간이 아닌 존재를 성적 대상으로 삼는 경우로서 동물애증, 성애물 장애 등이 이에 속한다. 둘째, 아동을 위시하여 동의하지 않는 사람을 대상으로 성행위를 하는 경우로서 아동성애 장애나 강간이 이에 속한다. 셋째, 자신이나 상대방이 고통이나 굴욕감을 느끼게 하는 성행위 방식을 나타내는 경우로서 성적 가학 장애, 성적 피학 장애, 노출 장애 등이 이에 속한다. 이러한 부적절한 대상이나 목표에 대한 성적 상상이나 행위가 6개월 이상 지속되고 이러한 문제로 인하여 스스로 심각한 고통을 받거나 현저한 사회적·직업적 부적응을 나타낼 때 성도착 장애라고 진단된다.

성도착 장애에는 매우 다양한 하위유형이 있는데, DSM-5에서는 관음 장애, 노출 장애, 접촉마찰 장애, 성적 피학 장애, 성적 가학 장애, 아동성애 장애, 성애물 장애, 의상전환 장애

등이 제시되고 있다. 성도착 장애의 하위유형과 핵심 증상은 다음의 표와 같다.

◆ 성도착 장애의 하위유형과 핵심 증상

하위장애	핵심 증상
관음 장애	성적 흥분을 위해서 다른 사람이 옷을 벗거나 성행위를 하고 있는 모습을 몰래 훔쳐봄
노출 장애	성적 흥분을 위해서 자신의 성기를 낯선 사람에게 노출시킴
접촉마찰 장애	성적 흥분을 위해서 원하지 않는 상대방에게 몸을 접촉하여 문지름
성적 피학 장애	성적 흥분을 위해서 상대방으로부터 고통이나 굴욕감을 받고자 함
성적 가학 장애	성적 흥분을 위해서 상대방에게 고통이나 굴욕감을 느끼게 함
아동성애 장애	13세 이하의 아동(보통 13세 이하)을 상대로 성적인 행위를 함
성애물 장애	무생물인 물건(예: 여성의 속옷)을 통해서 성적 흥분을 느끼고자 함
의상전환 장애	다른 성의 옷을 입음으로써 성적 흥분을 느끼고자 함

16) 성 불편증

성 불편증Gender Dysphoria은 자신의 생물학적 성과 성역할에 대해서 지속적으로 불편감을 느끼는 경우를 말한다. 이러한 불편감으로 인해서 반대의 성에 대한 강한 동일시를 나타내거나 반대의 성이 되기를 소망한다. 예를 들어, 신체적으로 남성임에도 남자라는 것과 남자의 역할을 싫어하여 여성의 옷을 입고 여성적인 놀이나 오락을 좋아하는 등 여자가 되기를 소망하며 대부분 성전환수술을 원하게 된다. 이러한 장애는 아동에서부터 성인에 이르기까지 다양한 연령대에서 나타날 수 있으며 성정체감 장애gender identity disorder 또는 성전환증transsexualism이라고 불리기도 한다.

17) 파괴적, 충동통제 및 품행장애

파괴적, 충동통제 및 품행장애Disruptive, Impulse Control, and Conduct Disorders는 정서와 행동에 대한 자기통제 문제를 나타내는 다양한 장애를 포함하고 있다. 특히 다른 사람의 권리를 침해하거나 사회적 규범을 위반하는 부적응적 행동들이 이에 해당된다. DSM-5는 이 장애범주의 하위장애로 품행장애, 적대적 반항장애, 간헐적 폭발성 장애, 도벽증, 방화증, 반사회성 성격장애를 포함시키고 있다. 파괴적, 충동통제 및 품행장애의 하위유형과 핵심 증상은 다음의 표와 같다.

◆ 파괴적, 충동통제 및 품행장애의 하위유형과 핵심 증상

하위장애	핵심 증상
품행장애	난폭하고 잔인한 행동, 기물 파괴, 도둑질, 거짓말, 가출 등 타인의 권리를 침해하거나 사회적 규범을 위반하는 행동
적대적 반항장애	어른에게 거부적이고 적대적이며 반항적인 행동
간헐적 폭발성 장애	공격적 충동의 조절 실패로 인한 심각한 파괴적 행동
도벽증	남의 물건을 훔치고 싶은 충동 조절의 실패로 인한 반복적인 도둑질
방화증	불을 지르고 싶은 충동 조절의 실패로 인한 반복적인 방화 행동
반사회성 성격장애	사회적 규범이나 타인의 권리를 무시하는 폭행이나 사기 행동을 지속적으로 나타내는 성격적 문제

18) 배설장애

어린 아동은 대소변을 가리는 자기조절능력을 배우는 것이 중요하다. 대부분의 아동은 4~5세가 되면 대소변을 스스로 가릴 수 있게 된다. 그러나 대소변을 가릴 충분한 나이가 되었음에도 이를 가리지 못하고 옷이나 적절치 못한 장소에서 배설하는 경우를 배설장애Elimination Disorders라고 하며, 유뇨증과 유분증으로 구분된다.

(1) 유뇨증

유뇨증Enuresis은 배변 훈련이 끝나게 되는 5세 이상의 아동이 신체적인 이상이 없음에도 옷이나 침구에 반복적으로 소변을 보는 경우를 말한다. 특히 연속적으로 3개월 이상 매주 2회 이상 부적절하게 소변을 볼 경우에 유뇨증으로 진단된다. 이러한 유뇨증이 밤에만 나타나는 야간형 유뇨증(야뇨증), 낮에만 나타나는 주간형 유뇨증, 밤과 낮 구분 없이 나타나는 주야간형 유뇨증이 있다.

(2) 유분증

유분증Encorpresis은 4세 이상의 아동이 대변을 적절치 않은 곳(옷이나 마루)에 반복적으로 배설하는 경우를 말한다. 특히 이러한 행동이 3개월 이상 매주 1회 이상 나타날 경우에 유분증으로 진단된다. 유분증이 있는 아동은 수줍음이 많고 난처한 일이 일어날 수 있는 상황(예: 야영, 학교)을 피하려고 한다. 유분증을 지닌 아동은 사회활동의 제약(예: 친구 집에서 자거나 캠핑 가는 일을 하지 못함), 친구들로부터의 놀림과 배척, 부모에 대한 불안과 분노, 낮은 자존감 등의 문제를 나타낼 수 있다. 유분증이 있는 아동은 흔히 유뇨증을 함께 나타내기도 한다.

19) 신경인지장애

신경인지장애Neurocognitive Disorders는 뇌의 손상으로 인해 의식, 기억, 언어, 판단 등의 인지적 기능에 심각한 결손이 나타나는 경우를 뜻하며 주요 신경인지장애, 경도 신경인지장애, 섬망으로 구분된다.

(1) 주요 및 경도 신경인지장애

주요 신경인지장애Major Neurocognitive Disorder는 한 가지 이상의 인지적 영역(복합 주의, 실행 기능, 학습 및 기억, 지각-운동 기능 또는 사회적 인지)에서 과거의 수행 수준에 비해 심각한 인지적 저하가 나타나는 경우를 말한다. 이러한 인지적 저하는 본인이나 잘 아는 지인 또는 임상가에 의해서 인식될 수 있다. 아울러 표준화된 신경심리검사나 다른 양화된 임상적 평가에 의해서 인식될 수 있다. 이러한 인지적 손상으로 인해서 일상생활을 독립적으로 영위하기 힘들 경우에 주요 신경인지장애로 진단된다. 주요 신경인지장애는 알츠하이머 질환, 뇌혈관 질환, 충격에 의한 뇌 손상, HIV 감염, 파킨슨 질환 등과 같은 다양한 질환에 의해서 유발될 수 있다. DSM-5에서는 주요 신경인지장애를 그 원인적 요인으로 작용하는 질환에 따라 다양한 하위유형으로 구분하고 있다.

경도 신경인지장애Minor Neurocognitive Disorder는 주요 신경인지장애에 비해서 증상의 심각도가 경미한 경우를 말한다. 과거의 수행 수준에 비해 중등도의 인지적 저하가 나타나며, 이러한 인지적 손상으로 인해서 일상생활을 독립적으로 영위할 수 있는 능력이 저해되지는 않는 경우를 말한다. 경도 신경인지장애는, 주요 신경인지장애과 마찬가지로 알츠하이머 질환, 뇌혈관 질환, 충격에 의한 뇌 손상, HIV 감염, 파킨슨 질환 등과 같은 다양한 질환에 의해서 유발될 수 있으며 그 원인적 질환에 따라 다양한 하위유형으로 구분되고 있다.

DSM-IV에서 치매dementia로 지칭되었던 장애가 DSM-5에서는 그 심각도에 따라 경도 또는 주요 신경인지장애로 지칭되고 있다. 이러한 신경인지장애는 노년기에 나타나는 가장 대표적인 정신장애로서 기억력이 현저하게 저하되고, 언어기능이나 운동기능이 감퇴하며, 물체를 알아보지 못하고 일상생활에 필요한 여러 가지 적응능력이 전반적으로 손상된다.

(2) 섬망

섬망Delirium은 의식이 혼미해지고 주의집중 및 전환능력이 현저히 감소하게 될 뿐만 아니라 기억, 언어, 현실판단 등의 인지기능에 일시적인 장애가 나타나는 경우를 말한다. 섬망의 핵심 증상은 주의 장해(주의를 집중하거나 유지하거나 전환

하는 능력의 손상)와 각성 저하(환경에 대한 현실감각의 감소)다. 이러한 증상은 단기간(몇 시간에서 며칠까지)에 발생하여 심해지며, 하루 중에서 그 심각도가 변동한다. 이러한 섬망은 물질 사용이나 신체적 질병과 같은 다양한 원인에 의해서 나타날 수 있다.

20) 기타 정신장애

DSM-5에는 기타 정신장애Other Mental Disorders라는 마지막 장애범주가 있다. 이 장애범주는 다른 정신장애의 진단기준에는 미치지 못하지만 현저한 고통을 유발하거나 사회적 적응에 손상을 초래하는 증상들을 나타내는 경우를 포함하고 있다. 특정한 정신장애라고 할 수는 없지만 부적응적인 증상을 나타내는 경우에 기타 정신장애로 진단할 수 있다.

DSM-5에는 공식적인 진단범주에 포함되지 못했지만 앞으로 고려되어야 할 장애들을 '추가적 연구를 위한 장애들Conditions for Further Study'이라는 제목으로 3부에 포함시키고 있다. 여기에 포함된 장애로는 게임을 하기 위해 과도하게 인터넷을 지속적으로 사용하여 다양한 부적응 증상을 나타내는 인터넷 게임 장애Internet Gaming Disorder, 반복적인 자살시도를 하는 자살행동 장애Suicidal Behavior Disorder, 자살할 의도는 아니지만 의도적으로 자신의 신체를 손상하는 행동을 반복적으로 나타내는 비자살적 자해Nonsuicidal Self-Injury, 친밀한 사람의 사별 후에 12개월 이상(자녀의 사별인 경우는 6개월 이상) 지속적으로 다양한 사별 증상을 나타내는 지속성 복합사별 장애Persistent Complex Bereavement Disorder 등이 있다. ◆

한국인 정신장애의 실태조사

한국인에게는 어떤 정신장애가 가장 흔할까? 한국인은 외국인에 비해 어떤 정신장애에서 유병률이 높을까? 이러한 물음에 대한 가장 직접적인 해답은 역학조사를 통해서 얻을 수 있다. 역학조사에서 나타난 정신장애의 분포와 빈도를 비교함으로써 특정한 문화권에서 나타나는 정신장애의 특성을 가장 직접적으로 이해할 수 있기 때문이다. 국내에서 가장 최근에 이루어진 대규모의 정신장애 역학조사는 보건복지부에서 2011년에 실시한 정신질환실태 역학조사다.

2011년 정신질환실태 역학조사(조맹제, 2011)에 따르면, 18세 이상 성인 중 최근 1년 간 한 번 이상 정신장애를 경험한 사람은 전체 인구의 16.0%인 577만 명으로 추정되고 있다. 알코올과 타바코 사용장애를 제외하면 10명 중 1명(전체 인구의 10.2%)이 최근 1년 간 정신장애에 걸린 적이 있음을 의미한다.

한국인의 경우, 평생 유병률이 가장 높은 정신장애는 알코올 사용장애(13.4%)였으며, 다음으로 타바코 사용장애(7.2%), 주요 우울장애(6.7%), 특정공포증(5.2%), 범불안장애(1.9%), 외상후 스트레스 장애(1.6%)의 순서로 나타났다. 그러나 남성과 여성은 정신장애 유병률에 있어서 현저한 차이를 나타냈다. 한국인 남성의 경우는 알코올 사용장애(20.7%)가 가장 높았으며, 타바코 사용장애(12.7%), 주요 우울장애(4.3%), 특정공포증(2.7%), 범불안장애(1.4%)의 순서로 나타났다. 한국의 성인 남성에게 가장 흔한 정신장애는 알코올 사용장애로서 성인 남성 5명 중 1명은 평생 한 번 이상 알코올 사용장애를 나타내는 셈이다. 반면에, 한국인 여성의 경우는 주요 우울장애(9.1%)의 유병률이 가장 높았으며, 특정공포증(7.8%), 알코올 사용장애(6.1%), 범불안장애(2.4%), 외상후 스트레스 장애(2.1%), 타바코 사용장애(1.7%), 강박장애(1.0%)의 순서로 나타났다. 주요 우울장애는 한국의 성인 여성에게 가장 흔한 정신장애로서 성인 여성 11명 중 1명은 평생 한 번 이상 심각한 우울증을 경험하는 것으로 나타났다.

정신장애실태 역학조사에 따르면, 최근 몇 년 동안 정신장애의 유병률이 증가하는 것으로 나타났다. 정신장애의 1년 유병률은 2006년의 8.3%에 비해서 2011년 10.2%로 증가했다. 주요 우울장애는 2001년에 비해 1.5배 이상 증가하였으며, 남녀 모두에서 증가추세로 나타났다. 주요 우울장애의 1년 유병률은 2011년에 3.0%로서 2006년(2.5%)에 비해 20%나 증가했다. 불안장애 역시 남녀 모두에서 증가추세로 나타났다. 불안장애의 1년 유병률은 2011년에 6.8%로서 2006년(5.0%)에 비해 36%가 증가했다.

이 실태조사에 따르면, 한국인 성인의 15.6%는 평생 한 번 이상 심각하게 자살사고를 경험하였으며, 3.3%가 자살계획을 했고, 3.2%가 자살을 시도한 것으로 나타났다. 지난 1년 간 자살시도자는 10만 8천여 명으로 추산되고 있다. 최근 1년 사이에는 성인의 3.7%가 한 번 이상 심각하게 자살을 생각하고, 0.7%가 자살을 계획하며, 0.3%가 자살을 시도한 것으로 나타났다.

병적인 도박 중독의 유병률은 1.0%이고, 병적 도박 고위험군의 유병률은 2.3%로서 모두 합해 성인의 3.3%에서 문제성 도박을 경험한 것으로 나타났다. 일반 성인의 1.0%가 인터넷 중독으로 인해 심각한 지장을 받는 것으로 나타났으며 18~29세에서는 인터넷 중독 유병률이 1.9%로 나타났다.

정신건강서비스 이용실태는 정신질환에 걸린 적이 있는 사람 중 15.3%만이 정신과 의사, 임상심리학자, 상담심리학자를 비롯한 정신전문가에게 정신건강문제를 의논하거나 치료받은 경험이 있는 것으로 나타났다. 정신건강서비스 이용수준은 2006년의 11.4%에 비해서 2011년에 15.3%로 34% 증가했으나 선진국에 비하면 매우 낮은 수준이다.

역학조사는 한 국가나 지역에 거주하는 사람들이 나타내는 정신장애의 전반적 양상과 빈도를 이해하는 가장 좋은 방법이다. 그러나 역학조사에서 사용한 정신장애의 분류체계, 진단도구, 조사대상 및 표집방법, 조사원의 숙련도 등에 따라 조사결과가 상당히 다르기 때문에 역학조사의 결과는 조심스럽게 해석되어야 한다.

3 정신장애의 원인과 치료

1. 이상심리학의 이론적 입장
2. 정신분석적 입장
3. 행동주의적 입장
4. 인본주의적 입장
5. 인지적 입장
6. 생물의학적 입장
7. 사회문화적 입장
8. 이상행동과 정신장애의 치료

1. 이상심리학의 이론적 입장

이상심리학의 역사는 이상심리학의 원인을 설명하는 이론들이 발전하는 과정이라고 할 수 있다. 앞에서 소개했듯이, 과거 고대 사회에서는 정신장애가 악령, 귀신, 악귀, 사탄, 마귀 등과 같은 초자연적인 원인에 의해서 생겨난다고 설명하려는 시도가 있었다. 중세 서양 사회에서는 기독교적 종교관에 기초하여 정신장애의 귀신론이 위세를 떨친 적이 있었다. 동양 사회에서는 오장육부의 신체 기능과 관련시켜 정신장애를 설명하려는 시도가 있었다. 이러한 설명이 적절치 않은 것으로 밝혀진 오늘날에도 우리 사회의 일부에서는 여전히 정신장애가 귀신이나 악령에 씐 것, 선조의 잘못된 묫자리, 운수소관 등에 의해서 생긴 것이라는 잘못된 생각을 지닌 사람들이 있다.

현대 이상심리학에는 정신장애의 원인을 설명하는 입장으

로 심리적 원인론과 신체적 원인론이 있다. 심리적 원인론 psychogenesis은 정신장애를 개인이 환경과의 상호작용에서 경험하는 비정상적인 체험으로 인해 나타나는 감정, 기억, 행동상의 심리적 문제로 보는 반면, 신체적 원인론somatogenesis은 정신장애가 유전, 뇌구조 및 기능의 이상, 내분비계통의 이상 등에 의해서 생긴다는 입장이다. 이러한 입장에 따라 정신장애의 원인을 설명하는 방식뿐만 아니라 정신장애를 치료하는 방법에서도 차이가 나게 된다.

정신장애의 원인을 심리적 요인에서 찾으려는 심리학적 설명 이론은 매우 다양하다. 무의식적 갈등으로 설명하는 정신분석적 이론, 환경으로부터의 잘못된 학습으로 설명하는 행동주의 이론, 개인의 자기실현 성향의 좌절로 설명하는 인본주의적 이론, 개인의 체험을 해석하는 인지 과정의 잘못으로 설명하는 인지적 이론 등이 그것이다. 정신장애를 신체적 원인에서 찾으려는 생물의학적 설명 이론에는 유전적 요인, 뇌의 구조와 기능의 손상요인, 내분비계통의 이상요인 등을 중심으로 설명하는 이론들이 있다.

정신장애의 치료는 이러한 이론에 기초하고 있다. 심리적 원인론에 기초한 치료법은 심리학적 수단을 통해서 정신장애를 유발하는 심리적 요인을 변화시키는 데 초점을 맞추게 된다.

주요한 심리치료법으로는 정신분석치료, 행동치료, 인본주의적 치료, 인지치료 등이 있다. 이 밖에도 현실치료, 게슈탈트 치료, 중다양식치료, 교류분석 등의 다양한 치료방법이 있다. 이러한 심리치료는 치료 단위에 따라 개인치료, 집단치료, 가족치료, 부부치료 등 다양한 형태로 치료하게 된다.

한편, 신체적 원인론에 기초한 치료법은 주로 물리적 수단을 통해서 정신장애를 치료하게 되는데, 여기에는 약물치료, 전기충격치료 등이 있다. 이 밖에도 미술치료, 음악치료, 사이코드라마, 작업치료, 향기치료, 의상치료, 운동치료 등 매우 다양한 방법들이 제안되고 있다. 제3부에서는 정신장애의 원인과 치료에 대한 주요한 이론들을 살펴보기로 한다. ◆

2. 정신분석적 입장

지그문트 프로이트Sigmund Freud에 의해서 창시된 심층심리학 이론인 정신분석psychoanalysis은 정신장애를 설명하는 한 이론일 뿐만 아니라 인간의 성격을 설명하는 성격 이론과 치료기법을 포함하고 있다. 정신분석 이론은 개인에게 의식되지 않은 내면적 심층 세계에서 일어나는 심리적 세력들 간의 상호작용과 갈등, 즉 심리적 역동에 의해서 성격특성과 정신장애를 설명하고자 한다. 원초아, 자아, 초자아로 알려진 성격구조 간의 심리적 역동을 중시한다는 점에서 정신역동 이론psychodynamic theory이라고 불리기도 한다.

프로이트는 의학을 공부하고 신경해부학을 전공했다. 그는 가정형편상 대학에 머무르지 않고 신경과 의사로 개원해서 히스테리를 비롯한 노이로제 환자와 정신병 환자를 치료하게 되었다. 그는 당시로는 최신 치료법으로 알려진 전기생리적 요법을 히스테리 환자에게 적용해보았으나 별 효과가 없었다. 대신 환자가 기억하지 못하는 어린 시절의 충격적인 경험이 히스테리의 발생에 중요한 역할을 하고, 그런 기억을 회상해 내는 것이 증상의 소멸에 중요하다는 것을 발견하였다. 하지만 당시의 의학계는 히스테리를 꾀병이라고 보았고, 심리적인 경험이 이러한 히스테리 증상에 영향을 준다는 것을 받아들이려고 하지 않았다.

이런 상황에서 프로이트는 장 마르탱 샤르코Jean Martin Charcot에게 최면치료를 배워 히스테리 환자에게 적용하였다. 그는 최면 상태에서 외상 경험과 이에 수반된 분노나 수치심과 같은 감정을 표현하게 하는 정화법catharsis method을 사용하였다. 그러나 최면은 누구나 걸리는 것이 아니었고, 치료자에게 전이가 일어나서 치료자를 전지전능한 인물로 지각하고 의존하게 되는 문제가 발생하여 치료에 어려움을 겪게 되었다. 이런 상황에서 그는 베른하임의 영향을 받아 히스테리 환자의 외상적 경험을 최면을 걸지 않은 상태에서 회상하게 하는 방법을 찾게 되었다. 이것이 유명한 자유연상법이다.

정신분석 이론은 프로이트 이후 여러 학자에 의해서 발전되고 새로운 이론들로 변형되기도 했다. 정신분석 이론의 테두리 안에서 이 이론을 확대 · 발전시킨 이론이 있는데, 이러한 이론에는 자아의 자율적인 기능과 발달을 강조한 자아심리학ego psychology, 자기와 대상의 관계표상의 발달과 분리-개별화를 강조하는 대상관계 이론object relations theory, 그리고 공감적인 반영과 자기대상의 중요성을 강조하는 자기심리학self psychology이 있다.

또한 정신분석 이론에서 탈피하여 독자적인 입장으로 발전한 경우도 있다. 이 중에는 융Jung의 분석심리학, 아들러Adler의 개인심리학, 그리고 에릭슨Erickson, 프롬Fromm, 호나이Horney 등과 같이 문화를 중요시하는 신프로이트 학파가 있다.

여기에서는 주로 프로이트의 입장을 소개하고, 아울러 정신분석학의 테두리 안에서 발전된 이론들을 간단히 살펴본다.

1) 정신분석의 기본 가정

프로이트의 정신분석 이론은 인간의 정신현상과 이상행동에 대한 몇 가지 가정에 기초한다(Brenner, 1955).

첫째, 정신분석 이론은 심리결정론psychic determinism에 기초한다. 일상생활에서 나타나는 우리의 행동과 경험 중에는 우연하게 나타난 것으로 생각되거나 그 이유를 알 수 없는 것들이 많다. 그러나 정신분석 이론에서는 아무리 사소하고 이해하기 어려운 행동이라 하더라도 원인 없이 우연하게 일어나는 것은 없다고 본다. 이상행동 역시 우연하게 일어나는 것이 아니라 심리적 원인에 의해서 생겨난다고 가정한다.

둘째, 무의식unconsciousness의 가정으로서, 인간행동은 의식적 요인뿐만 아니라 무의식적인 요인에 의해서 더 많은 영향을 받는다는 것이다. 어떤 행동의 원인을 알기 어려운 이유는 이러한 무의식적인 요인의 영향으로 인해서 우리 자신에게 의식되지 않기 때문이다. 우리의 심리적 내면세계에서 일어나는 많은 활동이 우리에게 자각되지 않으며 무의식적으로 일어난다. 또한 우리의 체험 중에서 우리 스스로에게 수용되지 않는 많은 내용들이 억압을 통해서 무의식 속에 자리 잡게 되고 우리의 행동에 영향을 미치게 된다. 이상행동 역시 무의식적 과정이 정상행동이나 이상행동을 이해하고 설명하는 데 중요하다고 보았다.

셋째, 인간의 무의식적 동기 중에서 성적 욕구가 중요하다는 가정이다. 성적 욕구는 우리의 도덕 기준에 위배되기 때문에 억압을 통해 무의식 속에 자리 잡게 되지만, 무의식 속에서 우리의 행동에 지대한 영향을 미치게 된다. 성적 욕구가 인간 본성의 중요한 특성이라는 프로이트의 주장은 당시 많은 비판을 받았으며, 이 점에 대해서 의견을 달리하는 동료 학자들이 있었다. 프로이트는 이러한 성적 욕구뿐만 아니라 공격적 욕구 역시 인간의 중요한 내면적 욕구라고 생각했다.

마지막으로, 정신분석 이론에서는 어린 시절의 경험을 중요시한다. 어린 시절의 경험은 성격의 기초를 형성하는 매우 중요한 바탕이 되며, 이렇게 형성된 내면적 표상이나 행동양식은 성인의 삶 속에 반복되어 나타나므로, 성인의 이상행동을 이해하려면 어린 시절의 경험을 잘 살펴보아야 한다는 것이다.

2) 정신분석적 성격 이론

(1) 성격의 삼원구조 이론

프로이트는 인간의 무의식적 과정을 밝혀가면서 사람의 마음에는 3가지 수준의 의식 과정이 있다고 보았다. 현재 자각할 수 있는 의식 과정conscious process, 현재 의식되지는 않지만 쉽게 의식할 수 있는 전의식 과정preconscious process, 그리고 특별한 정신분석적 기법으로 접근하지 않고는 밝혀지기 어려운 무의식 과정unconscious process이 그것이다. 나아가서 그는 임상적 관찰을 통하여 무의식을 연구하면서 무의식의 내용과 과정이 다양하여 마음의 기능을 새롭게 분류할 필요를 느꼈다. 즉, 우리의 심리적 세계는 기능적으로 동질적인 3가지 심리적 구조인 원초아id, 자아ego, 초자아superego로 구성되어 있다는 것이다. 이 이론을 삼원구조 이론tripartite theory이라고 하는데, 이러한 3가지 심리적 구조를 이해하는 것이 개인의 성격을 이해하는 관건이라고 할 수 있다.

① 원초아

원초아는 다분히 생물적 기초를 갖는 욕구를 뜻한다. 출생 후 어린아이는 이러한 생물학적 욕구를 만족시키기 위한 충동적 행동을 하게 되며, 성장하여 자아가 형성되기 전까지는 현실 세계에 대해 성숙하게 대처하지 못한다. 프로이트는 인간의 기본적 욕구로 성적 욕구와 공격적 욕구를 들었다. 이는 성행위의 욕망이나 공격심과는 다르다. 성 욕구는 생의 욕구, 사랑하고 의존하려는 욕구 등을 포함하는 보다 넓은 의미의 개념이다.

원초아의 욕구는 현실적 상황을 고려하지 않고 이를 당장 충족하여 쾌감과 만족을 얻고 고통은 당장 회피하려 한다. 이를 쾌락 원리pleasure principle라 한다. 그런데 신생아는 생존하기 위하여 어머니로 대표되는 보호자의 양육을 받게 되는데, 이런 과정에서 원초아적 욕구의 만족이 지연되기도 하고 좌절되기도 하는 경험을 불가피하게 겪게 된다. 이런 과정을 통해 서서히 자아가 발달한다.

② 자아

자아는 대체로 생후 6~8개월부터 발달하기 시작하며, 2~

3년이 되어야 자아의 기능을 제대로 수행하게 된다. 프로이트에 의하면, 원초아적 욕구의 만족이 지연되고 좌절되는 과정에서 유아는 불안을 경험하게 되며, 환경적 여건을 고려하여 욕구의 만족을 유보하여 나중에 충족하게 하는 기능을 발달시키게 된다고 한다. 즉, 자아는 욕구의 만족을 위해 환경의 현실적인 여건을 고려하여 중재하고 적응하는 능력을 뜻하며, 현실 원리reality principle에 따라서 기능한다. 자아는 신체감각 및 운동 기능, 지각, 기억, 언어 능력을 포함해서 감정조절, 만족지연, 좌절의 인내와 같이 현실 적응에 필요한 기능을 담당한다.

③ 초자아

유아는 성장하면서 서서히 부모의 칭찬과 처벌을 경험하게 된다. 이런 경험이 반복되면서 유아는 부모의 칭찬과 처벌에는 일정한 규칙이 있음을 알게 되고 이를 내면화한다. 이렇게 함으로써 부모의 처벌에 대한 불안을 미리 방어할 수 있게 되며, 이런 과정에서 초자아가 발달한다. 프로이트에 따르면, 초자아는 5~6세경에 형성되기 시작해서 10~12세가 되어서야 제대로 기능하게 된다. 이 시기의 아동은 부모의 금지, 규칙, 이상적인 자녀상과 이상적인 자아상을 내재화한 초자아를 형성함으로써, 외부의 금지나 규칙에 의해 행동을 조절하는 것에서 벗어나 점차로 자신의 초자아에 따라 행동을 결정하고 자기 스스로를 처벌하거나 칭찬하게 된다.

(2) 심리성적 성격발달 이론

정신분석에서는 어린 시절의 성격발달 과정을 중시한다. 어린 시절에 원초아의 성 욕구를 어떻게 충족시키고 욕구의 좌절에 어떻게 반응하는가에 따라서 성격 형성에 영향을 미치게 된다. 유아는 원초아적 욕구를 충족시키려는 노력과 어머니로 대표되는 환경적 영향 사이에서 갈등과 좌절을 겪기도 하고 때로는 과도한 만족을 경험하기도 한다. 이러한 좌절과 지나친 만족은 모두 유아에게 불안을 일으킬 수 있으며 부적응적인 행동의 원인이 될 수도 있다.

프로이트는 유아의 발달이 주로 성적인 욕구에 의해 동기화된다고 보았다. 유아는 신체의 여러 기관, 즉 입, 항문, 성기를 통해서 성 욕구를 충족시키게 된다. 프로이트는 성적인 쾌감을 주로 느끼는 신체 부위에 따라 발달 단계를 구강기, 항문기, 남근기(유아성기기), 잠재기, 성기기로 구분하고 있다.

① 구강기

출생 직후부터 1년 반까지는 입, 입술, 혀가 주요한 쾌락 추구의 기관이 된다. 유아는 젖을 빨면서 허기를 채우는데 그러면서 동시에 성 욕구와 공격욕구를 충족시킨다. 유아는 젖을 빨거나 입에 물고 있으면서, 때로는 젖을 깨물기도 하면서 외부 환경을 체험한다. 유아기에는 환경과의 상호작용이 주로 수유 과정에서 입을 통하여 이루어진다는 점에서 구강기의 상징적인 의미를 찾을 수 있다.

② 항문기

이 시기는 생후 1년 반에서 3년까지로서 주로 쾌감을 느끼는 주요 부위가 입에서 항문으로 옮겨져 배변을 참거나 배설하면서 긴장과 쾌감을 경험한다. 항문기에는 배변 훈련이 중요한데, 이를 통해 아이는 처음으로 부모의 통제를 받게 된다.

이런 배변 훈련을 통해 유아는 불안과 갈등을 경험하며 자율성과 자기통제력을 키워나간다. 이 시기의 배변 훈련은 자의식이 발달하는 아이와 부모 간에 서로 통제력을 행사하려는 갈등이 첨예하게 드러나는 상징적인 의미를 지닌다. 따라서 항문기는 항문을 통한 쾌락 추구뿐만 아니라 배변 통제를 통해 자신의 자율성과 독립성을 상징적으로 체험하고 자신이 통제할 수 있다는 점에서 쾌감을 느끼는 시기로 이해될 수 있다.

③ 남근기(유아성기기)

이 시기는 3세경부터 5~6세까지의 기간으로, 아동은 항문에서 자연스럽게 성기로 관심이 옮겨져 성기가 쾌락 추구의 주된 역할을 하게 된다. 이 시기를 남근기라고 부르는 데는 2가지 이유가 있다. 하나는, 남아의 경우 성기가 주 관심의 대상이 되고 여아는 남아의 성기에 해당하는 음핵이 쾌감의 기관이 되기 때문이다. 남근기의 아동은 성기에 대한 호기심과 노출 행위를 나타내고 소변을 보면서 쾌감을 얻는 것을 볼 수 있다.

프로이트는 이 시기에 오이디푸스 콤플렉스Oedipus complex를 경험하며, 이 때문에 남근기가 성격발달에서 결정적으로 주요한 의미를 갖게 된다고 보았다. 아이들의 성에 대한 관심은 자연스럽게 이성의 부모에 대한 관심으로 이어져 이성의 부모를 사랑하고 소유하고자 한다. 이것은 이 시기의 아동들이 아직까지 세대 간 구분을 하지 못하고, 사랑과 성이 구분되지 않는 유아적 성 개념을 가지고 있기 때문이다. 이때 남아의 경우 이성의 부모, 즉 어머니를 소유하고자 하는 욕구로 인해 거세불안castration anxiety을 경험하게 되는데, 이는 강한 아버지가 도사리고 있어서 어머니를 좋아하지 못하도록 아이의 성기를 없애려고 할 것이라는 상상에서 비롯된다.

아동이 이성의 부모를 소유하고자 할 때는 동성의 부모에게 처벌받는 것이 두려울 뿐만 아니라, 동성의 부모가 자신에게 주는 사랑을 잃을 것이라는 두려움도 같이 경험한다.

즉, 사랑하는 대상을 상실할지도 모른다는 불안이 있고, 이러한 불안을 해소하는 타협책이 동성의 부모와 동일시를 하는 것이다. 이러한 동일시를 통해 간접적으로 이성의 부모를 소유하면서 동성의 부모에게 인정과 사랑을 계속해서 받을 수 있을 것이라고 보는 것이다.

이 시기의 아동은 성숙한 부모의 도움으로 세대 간 구분을 이해하고, 부모의 금지와 기대가 내재화되면서 오이디푸스 콤플렉스도 해소된다. 이러한 과정을 통해 건강한 성정체감의 형성, 초자아와 자아의 발달, 삼자관계의 수용에 의한 건강한 이성관계를 맺을 수 있는 능력의 발달이라는 긍정적인 결과를 낳게 된다. 오이디푸스기를 지나게 되면, 잠재기를 거쳐서 성기기의 단계로 넘어가는데, 만일 이 시기에 오이디푸스 콤플렉스를 잘 해결하지 못하면 이후의 심리적 성장과 적응에 문제가 생길 수 있다.

④ 잠재기

대체로 초등학교 시기를 잠재기라고 한다. 이 시기에는 아동의 관심이 외부로 향해져 사회와 동료들에게 관심이 기울어지고 활동량도 증가한다. 따라서 심리성적 관심이 상대적으로 줄어든다.

⑤ 성기기

잠재기 이후의 발달 단계를 프로이트는 따로 세분하지 않고 성기기라고 하였다. 이 시기는 성인들이 이성과의 관계를 통해서 성 욕구를 충족하는 시기로서, 성숙한 사랑을 할 수 있을 뿐만 아니라 일을 성공적으로 하면서 자율적인 성인이 되는 시기다.

이러한 성적 발달 과정에서 좌절하거나 과도한 만족을 얻게 되면, 특정한 발달 단계에 고착되어 성숙한 성격으로의 발달이 저해될 수 있다. 뿐만 아니라 성장한 후에도 심한 좌절을 경험하면 만족스러웠던 이전의 발달 단계로 퇴행할 수도 있다. 따라서 어떤 발달 시기에 어떤 좌절과 충격이 있었는지를 이해하는 일은 개인의 성격 특성뿐만 아니라 이상행동을 이해하는 데 있어 매우 중요하다.

(3) 심리적 역동과 방어기제

① 심리적 역동

정신분석학의 구조를 이루는 원초아, 자아, 초자아는 심리성적 발달 단계를 통해 완성되어간다. 이러한 심리적 구조는 서로 역동적인 관계를 가질 뿐만 아니라 환경과 상호작용을 한다. 즉, 원초아적 욕구는 물리적 에너지에 비유될 수 있는 힘을 지니고 있고 이런 힘이 작용하면 욕구충족적인 행동으로 나타나게 된다.

그러나 자아의 힘이 작용하게 되면 현실적인 고려를 하여 욕구를 지연시키게 되고, 초자아의 힘이 작용하게 되면 도덕적인 규범에 의해 욕구를 억제하는 행동으로 나타나게 된다. 발달 과정에서의 특수한 체험으로 인해 특정한 심리구조가 약화되거나 강화되어 심리구조 간의 역학적 균형에 문제가 생겨날 수 있다.

이러한 역동적 관계에서는 환경조건도 하나의 힘으로 작용하게 된다. 예를 들어, 원초아의 욕구를 충족시키기 어려운 난관이 많은 상황에서는 자아가 원초아를 제어하기 위해 많은 힘을 요구한다. 이에 따라 원초아와 자아 간의 긴장과 갈등이 증폭되면 환경적 조건이나 내면적 갈등으로 인해 이러한 역동적 균형이 깨어지게 된다. 예를 들어, 원초아의 욕구와 초자아의 도덕적 금지 간의 갈등이 심화되거나 자아가 이러한 갈등을 제대로 조정하지 못하게 되면 심리적 역동의 균형이 깨지고 부적응 상태가 되어 정신장애적 증상을 나타낼 수 있다.

② 신경증적 불안과 방어기제

원초아, 자아, 초자아 간의 역동적 균형이 흔들리면 개인은 심리적 불안정감을 체험하게 된다. 즉, 자아가 원초아의 욕구를 적절히 만족시키거나 지연시키지 못하여, 억압되어 있던 원초아의 충동이나 소망이 의식에 떠오르려는 힘이 강해질 때 불안을 경험하게 된다. 이처럼 원초아적 욕구가 표현되었을 때 직면하게 될 재난적인 결과에 대한 두려움을 신경증적 불안neurotic anxiety이라고 한다.

자아는 이러한 불안을 위험신호로 자각하고 불안을 줄이기 위해 원초아의 충동이나 소망을 계속해서 무의식에 억압해 놓으려는 무의식적인 노력을 기울이게 된다. 이렇게 신경증적 불안을 감소시키기 위한 자아의 무의식적 노력을 방어기제defense mechanism라고 한다. 자아의 방어기제는 매우 다양하다.

대표적인 방어기제로는 의식화되려는 욕구나 갈등을 무의식에 눌러놓는 억압repression, 수용되기 어려운 감정에 대해 오히려 반대의 감정을 느끼는 반동 형성reaction formation, 수용되기 어려운 행동에 대해서 그럴 듯한 이유를 붙여 자기를 기만하는 합리화rationalization, 위험하고 강한 대상으로부터 유발된 불쾌 감정을 다른 약한 대상에게 바꾸어 표출하는 대치displacement, 의식적으로 수용될 수 없는 자신의 심리적 속성을 외부의 대상이 지닌 것으로 간주하는 투사projection, 불만족스러운 상태를 회피하기 위해 만족스러웠던 어린 시절의 행동양식으로 되돌아가는 퇴행regression 등이 있다.

이러한 방어기제는 불안으로부터 자아를 보호하는 순기능적 역할을 하지만, 특정한 방어기제가 적절치 않은 상황에서 융통성 없이 사용되거나 과도하게 남발되면 부적응적인 신경증적 양상으로 나타날 수 있다.

3) 정신분석적 정신병리론

정신분석 이론은 인간의 마음속 깊은 곳에서 일어나는 서로 상이한 힘들 사이의 역동적인 상호작용을 강조하는 성격이론이다.

인간은 원초아, 자아, 초자아로 이루어진 내적인 힘과 환경 사이의 끊임없는 역학관계 속에서 균형과 적응을 유지하는 존재다. 이들 사이의 균형이 깨지거나 심한 위협이 있어 적응하기 어려운 상태를 심리적 장애라고 할 수 있다. 이러한 과정을 좀 더 자세히 살펴보자.

원초아적 욕구는 환경적 여건과 결과에 관계없이 지금 당장 욕구가 충족되어 쾌감과 만족을 얻고 고통을 회피하려는 특징이 있다. 그러나 원초아적 욕구는 즉각적으로 충족되기 어렵거나, 내재화된 양심이라고 할 수 있는 초자아의 제재를 받아 좌절되는 경험을 불가피하게 겪게 된다. 이때 좌절과 갈등으로 인해 자아가 무너질 것 같은 불안을 경험하게 되는데,

이런 불안이 심화되면 적응하기 어려우므로 자아는 불안을 일으키는 요소들을 무의식 속으로 억압함으로써 균형과 적응을 유지하려고 한다.

그러나 억압된 욕구와 불안요소들은 무의식 속에만 머물러 있지 않고 기회만 있으면 의식 속으로 뚫고 들어와 충족되고자 하는데, 그렇게 되면 자아는 방어기제를 동원해서 더욱 이를 억압하려 한다. 만약 억압된 욕구의 좌절이 너무 심하면, 욕구 만족을 위한 원초아의 힘이 강해져 자아가 억압하기 어려운 상태에 이르게 된다. 따라서 무의식적 욕구가 의식에 떠오르게 되어 심한 불안을 경험하게 된다.

이처럼 성 에너지가 적절히 발산되지 못하여 긴장이 고조되면 자아통제력이 약화되어 불안이 발생한다고 보았다. 이런 입장은 후에 심리적 갈등의 중요성을 강조하는 방향으로 수정되었다. 프로이트는 무의식에 억압되어 있는 유아적 성욕구의 파생물들을 발산하려는 무의식적 소망과 이를 금지하려는 힘 사이의 심리적 갈등을 타협하려는 부적절한 노력의 결과가 신경증이라고 보았다. 그는 히스테리, 강박증, 공포증을 이러한 심리적 과정으로 설명하고 있으며, 이러한 장애들을 방어적 신경증이라고 불렀다.

현대의 정신분석가들은 정신장애의 증상 자체에 관심을 두기보다는 증상을 형성하게 된 심리내적 구조의 문제, 갈등 그리고 타협 형성의 과정에 관심을 두고 있다. 즉, 본능적 욕구와 이에 반대되는 세력 간의 심리적 갈등이 무엇이며, 어떻게 타협을 형성해가는가를 파악하려 한다. 그리고 이런 갈등에 의한 장애가 정상에서 신경증까지의 연속선상에 놓이는 것으로 받아들인다.

4) 정신분석적 치료

정신분석에서는 정신장애가 기본적으로 성격구조 간의 무의식적인 역동적 갈등에 의해서 생성된다고 본다. 따라서 정신분석치료는 이상행동의 기저를 이루고 있는 무의식적 갈등을 찾아내 의식화함으로써 증상을 제거할 뿐만 아니라 건강한 인격적 성장을 목표로 한다. 정신분석의 치료 목표는 '원초아가 있는 곳에 자아가 있게 하라Where Id was, Ego is.'라는 말로 요약되듯이, 충동적이고 미숙한 원초아의 영향력을 약화시키고 대신 현실적이고 성숙한 자아의 기능을 강화시키는 일이라고 할 수 있다.

정신분석 이론이 심리적 결정론에 근거하여 인간의 모든 행동을 이전의 정신적인 사건에 의해 결정된 것으로 보고 있듯이, 정신분석치료는 이런 정신적인 결정요인을 밝혀서 이를 제거하거나 수정하고자 한다. 즉, 이상행동의 심층적 원인을 밝혀서 수정하는 것이 근본적인 치료라고 본다. 이러한 심층적 원인은 무의식적인 것이므로 여러 가지 치료기법을 통해서 무의식적 갈등을 자각하여 의식하는 일이 정신분석치료의 핵심이라고 할 수 있다. 즉, 심리내적 힘의 역동은 다분히 무의식적이라는 것으로, 행동을 변화시키려면 이런 무의식적인 욕구나 갈등의 요소들을 의식화하고 이해하는 작업을 해야 한다. 정신분석치료는 이처럼 무의식화되어 있는 여러 가지 갈등과 좌절요인을 바로 깨닫고 의식화하는 작업이라고 할 수 있다. 무의식을 의식화하는 정신분석적 치료기법에는 자유연상, 꿈의 분석, 전이분석, 저항분석 등이 있다.

자유연상free association은 내담자가 편안히 누운 상태에서 아무런 억제나 논리적 판단 없이 마음속에 떠오르는 생각을 그대로 솔직하게 이야기하는 방법이다. 이는 의식적 억제를 최소화한 상태에서 무의식적 내용이 부상할 수 있다는 점을 이용한 기법이다.

꿈 분석dream analysis은 꿈에 나타나는 주제나 내용들을 면밀히 분석하여 무의식적 갈등의 내용을 찾아내는 방법이다. '꿈은 무의식에 도달하는 왕도'라는 말이 있다. 수면 상태에서는 의식적 억제가 감소하기 때문에 무의식의 내용이 의식에 떠오르게 된다. 이러한 꿈은 그 외현적 내용을 뜻하는 현재몽의 분석을 통해 지변에 상징적으로 담겨 있는 무의식적 의미인 잠재몽으로 해석될 수 있다. 이러한 꿈의 해석을 통해서 내담자로 하여금 자신의 무의식적 갈등 내용을 자각하게 유도한다.

전이분석transference analysis은 내담자가 치료 과정에서 치료자에게 나타나는 전이 현상을 분석하는 것이다. 전이는 내담자가 과거에 중요했던 타인과의 무의식적 갈등이나 부적절한 인간관계 패턴을 치료자에게 투사하여 나타내는 현상을 의미한다.

저항분석resistance analysis은 내담자가 치료 과정에서 나타내는 비협조적이고 저항적인 행동의 의미를 분석하는 것이다. 역설적이게도, 내담자들 중에는 자발적으로 치료를 받기 위해 치료자를 찾아왔음에도 불구하고 흔히 치료 과정에서 증상이 개선되는 것을 두려워하거나 약속시간을 어기는 등 여러 가지 반치료적인 행동을 나타내게 된다. 물론 이런 행동의 무의식적 원인은 내담자에게 자각되지 않는다. 따라서 저항행동의 분석을 통해서 내담자의 무의식적 의도와 갈등을 살펴볼 수 있다.

이러한 여러 가지 방법에 의해서 내담자로 하여금 자신의 무의식적 갈등을 깨달아 의식화하도록 유도한다. 아울러 정신분석적 치료는 인간행동의 무의식적 동기를 깨닫는 데서 머무르는 것을 넘어서, 이런 동기가 한 개인의 삶을 어떻게 지배하고 있는지를 하나하나 검토하고 더 이상 그런 비합리적인 무의식적 동기에 의해 지배되지 않도록 실제 생활 속에서 행동의 변화를 꾸준히 시도하는 과정이 뒤따르게 된다. 이러한 과정을 훈습working-through이라고 한다.

5) 정신분석 이론의 평가와 기여

정신분석 이론은 처음부터 임상적 경험을 통하여 형성되었다. 그리고 많은 임상가의 사례연구를 통해서 이 이론이 검증되고 있다. 그러나 심리학과 인접 학문 분야로부터 다양한 비판을 받고 있다.

첫째, 정신분석 이론은 실험적인 연구에 의하여 뒷받침을 받지 못한다는 것이다. 적어도 정신분석 이론이 인간행동의 인과적 관계를 설명하는 이론이라면 이를 뒷받침하는 실험적 증거를 제시하여야 할 것이다. 그러나 실험 상황에서 무의식적 갈등이나 심리적 구조 간의 역동적 관계를 밝히기는 어려우며, 주로 임상사례 연구를 통해서 이론을 검증하고 있는 실정이다. 그런데 이런 사례연구는 통제할 수 없는 수많은 변인들이 작용하고 있어서 정신분석 이론에서 주장하는 여러 원리를 검증하기에는 한계가 있다.

정신역동적인 입장을 내세우는 임상가나 연구자들은 실험 연구방법으로는 복잡하고 복합적인 인간의 현상들을 다룰 수 없기 때문에 사례연구를 할 수밖에 없다고 주장한다. 가장 어려운 것이 무의식적 변인들을 실험 상황에 도입하는 것이다. 그러나 실험에 의하여 몇몇 기본 가설은 검증되고 있다. 예컨대, 꿈을 통하여 정서적 긴장을 발산한다거나, 아동은 한때 이성의 부모에게 성적 관심을 갖는 시기를 거친다는 것, 그리고 항문의 심상에 대하여 불안을 경험하는 사람들은 항문적 성격 특성을 보인다는 것 등이다. 반면에, 꿈이 소원성취적 특성을 지닌다거나 여성은 남성과 같은 성기가 없기 때문에 열등의식을 갖는다는 등의 주장은 검증되지 않았다.

이러한 비판은 정신분석학을 학문적 이론으로 볼 때는 정당하다. 그러나 정신분석은 이론이기 이전에 인간을 이해하고자 하는 방법론의 측면이 더 강하다. 실험적 방법은 인간을 현상적으로밖에 이해할 수 없으며, 인간을 깊이 이해한다는 것은 거의 불가능하다. 따라서 실험적 방법을 사용하지 않는다거나 실험적 증거가 없다는 것은 인간 이해의 측면에서 볼 때 큰 의미가 없으며, 정신분석 자체를 실험적 방법과는 또 다른 인간 이해의 방법으로 보는 것이 타당할 것이다.

둘째, 정신분석 이론은 지나치게 추론에 의존하고 있다는 것이다. 그러나 정신분석에서의 추론은 단일 사건에서 비롯된 것이 아니고 임상사례에서 반복적으로 경험된 사실의 증거에 근거한 추론이라고 볼 때, 한 이론이 추론에 의존한다는 것이 비판의 대상이 되는 것은 아니다. 여기서 문제가 되는 것은 추론이나 해석에 있어서 해석자가 얼마나 편협함이 없이 정당한 해석을 하느냐다. 사실 행동주의자들조차 인간의 의사소통에서 해석의 필요성을 인정하는 실정이다.

셋째, 프로이트의 이론이 19세기 말 성의 억압이 심했던 유럽 사회의 상류층 노이로제 환자들의 경험에 기초하고 있다는 것이 비판의 대상이 된다. 즉, 그의 이론은 지나치게 성적 욕구의 갈등을 강조하고 있는데, 이는 다른 문화권에 일반화하기 어렵다는 것이다. 사실 프로이트가 주장한 오이디푸스 콤플렉스나 여성의 남근선망 등은 그 이후의 정신분석가들에게도 거부된 것을 볼 수 있다.

넷째, 정신분석 이론은 인간에 관하여 비관적인 입장에서 출발한다는 것이다. 정신분석 이론에서는 인간이 선천적으로 성적이고 공격적인 욕구를 갖고 태어나며 이러한 욕구는 사회환경과 갈등적 관계에 있다고 본다. 인간의 성적 기본 욕구를 통제하고 지연하고 다스려 가는 과정이 인간으로 성장하는 과정이라고 보는 것이다. 사회환경의 입장에서 본다면 이는 심리생물적 욕구를 갖고 태어나는 사람을 사회에 적응하도록 길들이는 과정이다. 이러한 정신분석적 견해는 인간을 본래 악한 존재로 보는 성악설의 입장과 맥을 같이한다는 비판이 가해진다.

그러나 이에 대한 반론을 제기하는 학자도 있다. 이들은 이러한 비판은 성이나 공격적 욕구 혹은 생물학적 욕구가 부정적이라고 보는 도덕적인 가치판단을 전제한 것이라고 비판하였다. 이들은 성이나 공격성 욕구 그 자체는 긍정적인 것도 부정적인 것도 아니며, 인간이 성 욕구와 공격성 욕구를 가지고 있다는 사실을 있는 그대로 본 것에 불과하다고 보았다.

다섯째, 프로이트는 오이디푸스 콤플렉스를 지나치게 중요시하여 생의 초기에 유아가 보호자와 맺게 되는 관계를 간과하였다. 프로이트 이후의 대상관계 이론이나 자기심리학은 우리의 관심을 오이디푸스기 이전의 발달로 돌렸고, 그 결과로 신경증보다 초기의 장애인 경계선 성격장애나 자기애적 장애 및 정신분열증을 치료하는 데 크게 공헌하였다. 그리고 정신분석에서는 치료자가 중립적인 역할을 하도록 강조한 데 반해서, 말러Mahler나 코헛Kohut은 인간주의 심리학자들처럼 온정적이고 공감적인 이해를 강조한 점이 또 다른 공헌이라고 할 것이다.

결국 어머니로 대표되는 환경과의 상호작용보다는 진공 상태에서의 개인의 발달을 보고, 애착이나 지배의 욕구와 같은 중요한 동기를 무시하고 성적인 면만을 강조하며, 초기 발달의 중요성을 간과한 것이 프로이트 이론의 맹점이라고 할 수 있다.

앞에서 제시한 많은 비판에도 정신분석 이론은 인간의 성격이나 이상심리를 이해하는 심리학적 학설을 세우는 데 크게 공헌하였다. 혹자는 프로이트가 2세대만 늦게 태어났어도 이상행동을 이해하는 심리학설은 형성되지 못했을 것이라고 말한다. 그 이유는 1950년대에 개발된 항정신병 약물의 출현으로 정신병리에 관한 연구가 생물의학적 입장을 강화하였기 때문이다. 그의 정신분석 이론은 인간의 이상행동을 이해하는 근거를 마련하였다고 할 수 있다.

프로이트는 자유연상이라는 방법을 개발함으로써 심리치료와 상담이 자리 잡는 데에 획기적인 공헌을 하였다. 권위적으로 조언하고 충고하며 환자를 자기와 다른 열등한 존재로 보고 치료를 가하는 의학적 모형에서 벗어나, 자유연상에서는 내담자에게 자율성과 책임을 넘겨줌으로써 분석가와 내담자가 동등한 입장에서 서로 협조를 유지해야만 하는 관계로 변화되었다. 즉, 심리치료에서 작업동맹이 중요해지고 분석가는 내담자를 자기와 동등한 인격체로 존중할 수 있게 된 것이다.

이러한 작업동맹의 정신은 오늘날 모든 심리치료의 기본을 이루고 있을 뿐 아니라 심리치료의 다양한 기법은 거의 대부분 프로이트의 치료 이론과 기법에 대한 파생물이거나 그의 입장에 대한 도전으로 발전된 것임을 부인할 수 없다. 이렇듯 다양한 심리치료기법 발전의 원천이 된 것도 그의 큰 공헌으로 볼 수 있다.

그는 정신병리학뿐 아니라 현대 사상 전반에도 큰 공헌을 하였다. 그는 인간에 대한 관심을 인간 내적인 삶, 즉 꿈이나 환상, 과거 기억, 행동 기저의 무의식적인 동기 등으로 돌리게 하였다. 또한 자기에 대한 지식의 중요성을 강조한 그의 이론은 심리학 영역뿐 아니라 예술, 문학, 역사, 교육 등 현대 정신사에 큰 영향을 미쳤다. ◆

3. 행동주의적 입장

1950년대 후반에 행동치료가 심리장애를 치료하는 기법으로 소개되면서 행동주의 이론은 급속도로 이상심리학에 수용되었다. 행동주의 입장은 1920년대 왓슨Watson에 의하여 제창되었다. 그는 파블로프Pavlov의 조건형성 실험과 손다이크Thorndike의 학습 실험에 고무되어 심리학이 진정한 과학이 되려면 객관적으로 관찰이 가능한 행동의 법칙성을 연구하는 과학이 되어야 한다고 역설하였다. 그 후 행동주의 입장은 미국 심리학의 주류를 이루었고, 심리학자들은 행동의 원리를 밝히고자 동물 실험에 주력하였다.

이러한 행동주의적 관점에서는 심리장애도 정상행동과 마찬가지로 행동의 장애로 개념화하고 학습의 원리로 이해하고자 한다. 대부분의 행동장애는 학습된 것이며, 장애행동을 학습하는 것은 정상적인 행동의 학습과 마찬가지로 학습 원리에 따라 조건형성된 것으로 이해하였다. 학습의 원리가 정상행동이나 이상행동의 형성 모두에 적용된 것이다. 이러한 행동주의의 입장은, 장애행동을 신체에 어떤 병변이 일어났거나 약물이나 병균에 의하여 발생한 질병으로 이해하는 입장과는 현저하게 다르다.

1) 학습 원리

(1) 고전적 조건형성

고전적 조건형성classical conditioning은 유명한 파블로프의 실험에서 비롯된다. 개는 원래 종소리를 들려주면 침을 흘리지 않는다. 이러한 개를 실험실에 데려와서 고기를 주면서 종소리를 함께 들려주는 실험을 반복하면 개는 종소리에 대해서 침을 흘리는 반응을 보인다. 고기라는 무조건자극에 대하여 무조건반응인 침을 흘리는 것은 개의 자연스러운 반응이었다. 이렇게 종소리에 대해 타액반응을 하게 되면 고기를 주지 않고 조건자극인 종소리만 들려주어도 조건반응으로서의 타액반응을 보인다. 개가 종소리에 침을 흘리는 새로운 반응을 학습한 것이다. 사람이 성장하면서 습득한 행동은 이와 같이 조건형성된 것이 많다. 예컨대, 포도라는 말만 들어도 군침이 도는 것이나 착하다는 말만 들어도 기분이 좋아지는 것, 호랑이

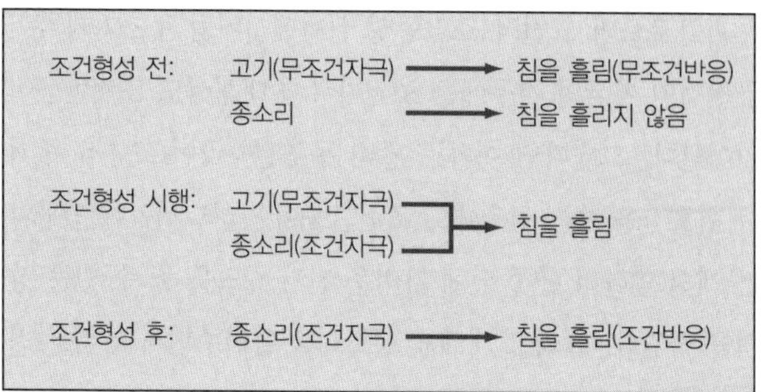

〈조건반응이 일어나는 순서〉

라는 말만 들어도 무서워하는 것 등은 모두 조건형성된 학습의 예다.

고전적 조건형성 과정에는 또 다른 주요한 2가지 학습 과정으로 일반화와 변별이 있다. 개가 종소리에 침을 흘리는 반응을 학습하였다면 곧 종소리와 유사한 소리에 대하여도 침을 흘리게 된다. 이를 일반화라고 한다. 어렸을 때 개에게 물렸던 경험이 있는 소년이 모든 개를 무서워하게 되는 것은 학습이 일반화된 증거라고 할 수 있다. 그러나 원래 들려주던 종소리와 비슷한 크기의 소리에 대하여는 고기를 주고 원래 종소리보다 큰 소리가 날 때는 고기를 주지 않으면, 개는 큰 종소리에 대해서는 더 이상 침을 흘리지 않는다. 이를 변별학습이 되었다고 말한다.

파블로프의 고전적 조건형성 실험에서처럼 무조건자극이 긍정적인 자극인 경우에는 조건자극에 대해서도 조건반응이 일어난다. 그렇다면 이와는 달리 무조건자극이 고통을 주거나 혐오감을 주는 경우에도 조건반응이 나타날까? 한 연구자는 개의 앞다리 한쪽 밑에 가벼운 전기 쇼크를 줄 수 있는 장치를 하였다. 그리고 개에게 벨소리를 들려주면서 가벼운 전기 쇼크를 주었다. 이런 실험 과정에서 개는 벨소리가 들리면 전기 쇼크를 회피하기 위하여 앞다리를 쳐드는 굴신반응을 보였다. 혐오자극을 회피하는 반응을 습득한 것이다. 이런 혐오조건반응은 장애행동을 이해하는 데에 도움이 된다. 장애행동 가운데 공포반응이나 불안반응은 이런 혐오조건반응과 유사하기 때문이다.

(2) 조작적 조건형성

고전적 조건형성에서는 무조건자극과 조건자극을 짝지음으로써 조건반응을 학습시킨다. 한편, 이런 학습과는 달리 스키너Skinner는 새로운 행동을 습득하게 하는 데 관심을 기울였다. 스키너 상자 속에 있는 배고픈 쥐는 여러 가지 행동을 하다가 우연히 지렛대를 보고 이를 눌러본다. 그리고는 먹이통에 먹이가 있는 것을 보고 먹는다. 쥐는 이런 경험을 거듭하면서 먹이라는 보상이 뒤따르는 지렛대 누르기 행동을 습득하게 된다. 먹이라는 보상을 얻기 위하여 지렛대 누르기라는 새로운 행동을 학습하게 된 것이다.

우리의 정상적인 행동뿐 아니라 이상행동도 이러한 학습방식으로 학습할 수 있다. 어린아이가 떼를 쓰고 투정을 할 때마다 어머니가 관심을 기울이고 아이가 좋아하는 과자를 주면서 달랜다면, 엄마의 관심과 과자가 떼쓰기 행동을 강화하여 떼쓰기 행동이 습득되고 지속된다. 이렇듯 아이들의 문제행동 중에는 조작적 조건형성에 의해서 습득, 유지되는 경우가 많다. 이렇게 어떤 행동 이후에 주어지는 강화에 따라서 그 행동이 지속 또는 증가하는 것을 조작적 조건형성operant conditioning이라고 한다.

① 강화

조작적 조건형성으로 학습이 이루어지려면 강화reinforcement가 뒷받침되어야 한다. 행동의 습득을 강화시키는 방식은 지렛대 누르기를 강화시키는 먹이의 예처럼 정적 강화positive reinforcement가 있다. 즉, 먹이라는 보상에 의하여 지렛대 누르기를 더 잘 학습할 수 있다면 먹이를 주는 것이 정적 강화가 된다. 일반적으로 긍정적 행동습관은 이런 정적 강화에 의해서 잘 형성된다. 반면에, 보상을 얻기 위하여 어떤 행동을 습득하는 것이 아니라 고통으로부터 벗어나기 위하여 어떤 행동을 습득하게 할 때 고통은 부적 강화negative reinforcement라고 한다. 한 실험을 예로 들어보자.

전구에 불이 들어오면 가벼운 전기 쇼크를 받게 되지만 전구 밑에 있는 지렛대를 누르면 전구의 불이 꺼지면서 전기 쇼크가 멈추는 장치가 되어 있는 상자가 있다. 이런 상자 속에 쥐를 넣으면 쥐는 전깃불이 켜지면서 전기 쇼크를 받게 된다. 그러다가 전구 밑에 있는 지렛대를 우연히 눌렀는데 전깃불이 꺼지면서 전기 쇼크가 멎는 것을 경험하게 되고 이런 경험을 반복하면, 쥐는 불이 켜지자마자 지렛대를 눌러서 전기 쇼크가 일어나지 않게 하는 행동을 습득하게 된다. 이때 전기 쇼크는 부적 강화물이고, 이런 강화에 의하여 지렛대를 눌러서 전기 쇼크를 회피하는 학습이 이루어지는 것을 부적 강화에 의한 학습이라고 한다.

야뇨증 환자를 위해 깔개가 젖으면 바로 시끄러운 부저가 울리도록 장치하여 부저가 울리면 깨서 오줌을 누도록 한 것은, 일종의 부적 강화에 의한 회피학습 방식을 적용한 것이라고 할 수 있다.

② 처벌

처벌punishment은 바람직하지 않은 행동을 할 때 그 행동을 하지 못하도록 바로 고통을 줌으로써 바람직하지 않은 행동을 억제하는 학습을 시키는 경우다. 이는 우리 부모들이 많이 사용하는 교육방식이다. 범죄자에게 벌금이나 구금형을 선고하는 것은 처벌에 의한 범죄행동의 억제를 학습시키는 것이라고 할 수 있다.

③ 소거

소거extinction란 조작적 조건형성이나 고전적 조건형성을 통해서 일단 습득된 행동이 없어지는 것을 말한다. 앞에서 정적 강화에 의하여 지렛대 누르기를 학습한 쥐에게 지렛대 누르기에 대하여 먹이 보상을 계속해서 주지 않으면 쥐는 더 이상 지렛대를 누르지 않는다. 지렛대 누르기 행동이 없어진(소거된) 것이다. 이는 고전적 조건형성에서도 마찬가지여서, 종소리에 대하여 침 흘리기를 학습한 후에 먹이 없이 종소리만 계속 들려주면 개는 더 이상 침을 흘리지 않는다.

이런 소거 방식은 행동치료의 한 원리로 적용되기도 한다. 떼쓰기가 심한 아이의 경우 이런 행동이 어머니의 관심과 보상으로 습관화된 것이라고 한다면, 아이가 떼를 쓸 때 어머니가 더 이상 관심을 주지 않고 내버려두면 결국 그런 행동이 없어진다. 어린아이들이 보이는 장애행동들 중에는 소거기법이 효과적인 경우가 많다.

(3) 모방학습(모델링)

많은 인간행동이 고전적 조건형성과 조작적 조건형성으로 학습되지만, 이보다도 더 많은 행동이 다른 사람의 행동을 모방하는 방식으로 학습된다. 이러한 학습방식을 모방학습modeling이라고 하며 대리학습vicarious learning이라고 부르기도 한다. 부정적인 측면에서 본다면, 폭력적인 아버지의 행동을 보고 폭력을 배우는 것이나, 범죄자가 범죄성 비디오를 보고 이를 모방하는 것은 모방학습의 예라고 할 수 있다. 한편, 모방학습이 부정적 측면만 있는 것은 아니다. 수술을 앞두고 심한 불안을 드러내던 환자가 태연하게 수술을 받는 다른 환자의 비디오 장면을 본 후 그것이 본보기가 되어 불안을 극복할 수 있게 된다면, 이는 모방학습의 긍정적 예라고 할 수 있다.

반두라Bandura는 모방학습이 인간의 복잡한 행동을 습득하는 데 더 적절한 방식이며, 이런 모방학습은 3가지 측면에서 다른 영향을 미칠 수 있다고 하였다. 우선 관찰자는 모방학습을 통해서 이전에 전혀 몰랐던 행동을 할 수 있다. 또 다른 사람의 행동을 관찰함으로써 이전에 억제하였던 행동을 강화시킬 수도 있고 또는 이전에 하던 행동을 약화시킬 수도 있다. 이미 하던 행동을 촉진시키는 효과도 보인다.

이러한 모방학습은 엄격한 의미에서 보면 행동주의적 원

리라고 하기 어렵다. 이는 다른 사람의 행동을 보고 관찰자가 마음속으로 기대와 결과를 예측함으로써 그 행동을 따라 하는 것이기 때문에 인지 과정이 포함되는 학습이다. 그래서 학자에 따라서는 모방학습을 인지사회학습이라고 하기도 한다.

2) 학습 원리에 의한 이상행동의 이해

앞에서 살펴본 학습의 원리로 이상행동이 습득되고 유지되는 것을 설명할 수 있다. 학습 원리로 설명할 수 있는 잘 알려진 행동장애에는 공포반응이 있는데, 이것은 고전적 조건형성과 조작적 조건형성에 의하여 생성되고 유지되는 것으로 보인다. 조건형성 원리를 사람에게 적용하여 이상행동을 연구한 예는 왓슨에서 찾아볼 수 있다.

왓슨은 11개월 된 어린 앨버트Little Albert라는 유아에게 토끼에 대한 공포증을 학습시키는 실험을 하였다. 그는 토끼와 잘 노는 앨버트가 토끼에게 가까이 다가가려 할 때마다 뒤에서 쇠막대로 커다란 소리를 냈고, 아이는 쇳소리에 깜짝 놀라 울음을 터뜨렸다. 이렇게 커다란 쇳소리를 들려주면서 동시에 토끼를 보여주는 것을 수차례 반복하여 제시하자 앨버트는 쇳소리 없이 토끼만 보여주어도 무서워 울기 시작하였다.

그 후 존스Jones는 공포반응을 치료하는 데에도 조건형성의 원리를 적용하였다. 그는 토끼를 보면 공포반응을 나타내는 아이에게, 공포자극과 함께 유쾌한 반응인 초콜릿을 먹는 반응을 짝지어 제시하였다. 이러한 상황을 반복적으로 제시함으로써 공포반응을 소거할 수 있었다. 이러한 실험적 치료 결과는 후에 월피Wolpe의 체계적 둔감법과 반두라Bandura의 참여적 모방학습에 도입되었다.

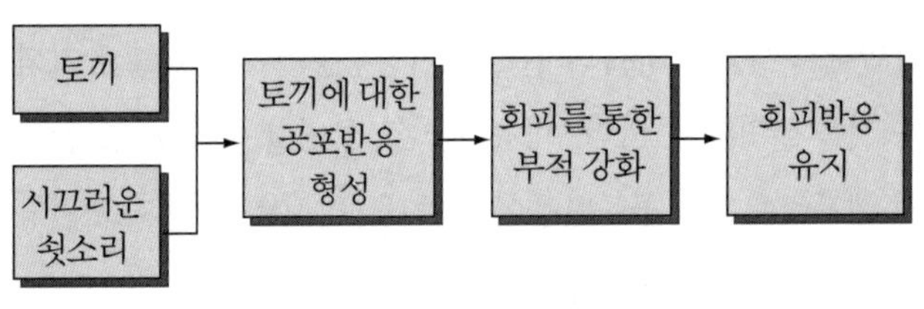

〈공포반응의 형성 및 유지〉

공포회피반응은 부적 강화에 의하여 학습되고 유지된다. 즉, 토끼에 대한 공포반응이 계속 유지되는 까닭은 토끼를 계속 회피함으로써 토끼가 더 이상 공포스럽지 않다는 것을 학습할 기회를 갖지 못하기 때문이다. 이러한 과정을 설명하는 것이 모우러Mowrer의 2요인설two-factor theory이다. 2요인설에 의하면 공포반응은 고전적 조건형성에 의해서 습득되고, 토끼의 회피라는 부적 강화에 의하여 공포회피반응이 유지된다.

1930년대 후반에 모우러는 조건형성기법으로 어린이 야뇨증을 성공적으로 치료한 사례를 보고하였다. 정상적인 아이는 방광에 오줌이 차면 방광 팽창자극 때문에 깨어날 수 있고 오줌을 누게 된다. 모우러는 야뇨증이 있는 어린이는 방광자극에 대한 깨어나기 반응의 실패로 오줌을 싸게 되는 것이라고 가정하고 이를 고치는 행동치료법을 개발하였다. 그는 전기장치인 '부저와 깔개bell and pad'를 사용하여 깔개가 젖는 즉시 부저가 시끄럽게 울리도록 하여 아이가 곧바로 깨어나 오줌을 누도록 하였다. 이러한 행동치료의 임상적 실험의 효과가 알려지면서 1960년대부터 급속히 행동치료가 발전하게 되었다.

또한 파블로프는 우연한 계기로 조건형성 원리를 발견한 데 이어, 개에게 자극변별학습 실험을 실시하는 동안에 '동물신경증'이라고 이름 붙인 행동장애를 관찰함으로써 이상행동의 학습기제를 밝히는 계기를 마련하였다. 그는 개에게 원과 타원을 구분하도록 조건형성 실험을 시행하였다. 그는 타원을 점점 원에 가깝게 변화시키면서 이 둘 간을 변별하도록 하였다. 개는 타원과 원이 서로 비슷해져서 더 이상 이들을 구분할 수 없게 되자 이전과는 전혀 다른 돌발적인 행동을 하였다. 고분고분 실험에 응하던 개가 똥오줌을 싸고, 아무나 공격하려 하며, 실험실 안을 빙빙 돌며 안절부절못하는 행동을 한 것이다. 개를 장시간 안정시킨 후 다시 실험실로 안내하면 실험을 하지 않는데도 개는 또다시 이상행동을 나타냈다. 이상행동이 조건형성된 것이다. 이런 개의 행동이 사람의 신경증과 유사하다고 하여 '동물신경증animal neurosis'이라고 이름 붙였다. 이러한 실험 이후에 많은 정신병리 연구자가 새끼 염소, 고양이, 원숭이 등을 대상으로 이상행동을 학습시키는 실험을 하였다.

모든 이상행동이 학습의 방식으로 습득되고 유지되는 것은 아니지만, 학습 원리에 따른 행동치료가 이상행동을 교정하거나 제거하는 데 효과적이라는 임상 경험이 증가하고 있다. 특히 공포증, 불면증, 아동의 품행장애, 비만, 흡연, 고혈압 등의 치료에 행동치료가 매우 성공적임이 밝혀졌다. 가장 잘 알려진 행동치료기법으로는 이완기법을 포함한 체계적 둔감법과 상호억제법이 있다.

오늘날 행동치료가 임상장면에 급속히 확산된 데는 월피의 공헌이 크다. 월피는 남아프리카에서 고양이의 실험신경증을 연구하면서, 실험적으로 유도된 공포와 이 공포반응을 제거하는 새로운 기법을 개발하는 실험을 하였다. 그는 고양이가 실험신경증 증상으로 공포반응을 보이는 동안 먹이를 먹는 행동이 억제되는 것을 관찰하였다. 다시 말하면, 공포 증상과 섭식행동은 상호 억제적임을 관찰하였고 이런 현상을 생리적으로 설명하고자 하였다. 맛있는 음식을 먹을 때는 생리적으로 이완된 상태가 되며, 이러한 이완 상태는 불안할 때 나타나는 생리적 흥분 상태와 서로 양립할 수 없다는 것이다. 이에 따르면, 환자가 지극히 이완된 상태를 유지하게 되면 불안 유발자극에 노출되더라도 흥분하지 않거나 더 이상 불안해하지 않을 것이라고 가정할 수 있다. 이를 임상 실제에 적용한 것이 상호억제기법이다.

월피는 이완을 위하여 음식을 먹게 하는 대신 제이콥슨Jacobson의 근육이완 절차를 환자에게 적용시켜 환자가 깊은 이완 상태를 유지하도록 훈련시켰다. 그리고 환자가 가장 낮은 공포반응을 일으키는 자극에서부터 가장 심한 공포반응을 유발하는 자극까지 위계를 정하고, 깊이 이완된 상태를 유지하면서 가장 낮은 공포자극 상황부터 경험하게 하였다. 이때 환자가 공포자극에 노출되었음에도 불구하고 전혀 불안 없이 이완 상태를 유지하면 다음 수준의 공포자극을 경험하게 하고, 그래도 이완 상태가 그대로 유지되면 단계적으로 심한 공포자극까지 경험하도록 격려하였다. 이런 절차로 심한 공포자극에 노출되었으면서도 이완 상태를 계속 유지한다면 치료가 끝난다. 이제 공포반응이 없어진 것이다.

상호억제기법은 체계적 둔감법systematic desensitization이라는 이름으로 널리 알려졌으며 공포징애나 불안장애를 치료하는 데에 효과가 있는 것으로 밝혀졌다. 월피의 행동치료 실험은 임상 실제에 큰 영향을 주어, 임상 환자에 대한 행동치료의 길을 열었을 뿐 아니라 행동치료의 이론적 기반을 제공하였다. 이를 계기로 인간의 정신병리의 발달 및 유지에 관한 학습 이론적 연구가 활발해졌다.

3) 행동치료

행동치료Behavior Therapy는 학습 원리 중에서도 특히 고전적 조건형성 원리와 조작적 조건형성 원리를 적용해서 심리적 장애를 교정하는 치료기법이다. 이 치료기법은 정신분석과는 달리, 모든 장애행동은 정상적인 행동과 마찬가지로 학습에 의해서 습득된 것이며, 따라서 학습에 의해 치료할 수 있다고 보았다.

무엇을 치료하느냐 하는 물음에 대해서도 행동치료는 정신분석과 차이가 있다. 정신분석에서는 치료를 무의식적인 갈등이나 경험들을 의식하고 통찰하는 것으로 보는 데 반해서, 행동치료에서는 겉으로 나타나는 증상이나 장애행동을 없애거나 바람직한 적응적 행동을 습득시키는 것이라고 본다. 그렇기 때문에 행동치료라는 말 대신에 행동수정Behavior Modification이라고 부르기도 한다. 결국 행동치료는 바람직하지 않은 행동을 제거하고, 바람직한 행동을 증가시키며, 적응적 행동을 새롭게 학습시키는 것이라고 할 수 있다.

(1) 부적응적 행동 약화시키기

심리치료의 주된 목표는 부적응적 행동 또는 증상을 약화시키거나 제거하는 일이다. 이러한 바람직하지 않은 부적응적 행동을 약화시키는 방법으로는 소거, 처벌, 혐오적 조건형성, 상호억제, 체계적 둔감법 등이 있다.

① 소거

소거는 부적응적 행동이 반복되도록 강화하는 요인을 제거하는 것이다. 부적응적 행동은 여러 가지 보상에 의해서 강화될 수 있다. 따라서 이러한 강화요인을 찾아 제거함으로써 부적응적 행동의 강화를 차단시키면 그 행동이 감소하게 된다. 어린 아동의 부적절한 행동은 부모나 교사가 계속 주의와 관심을 기울여줌으로써 강화를 줄 수 있다. 따라서 아동의 부적절한 행동에 부모나 교사가 관심을 주지 않으면 서서히 그러한 행동이 감소된다.

② 처벌

처벌은 부적응저 행동을 할 때 불쾌한 사극을 줌으로써 그

행동을 억제시키는 방법이다. 이와 관련된 중요한 행동치료 기법이 혐오적 조건형성aversive conditioning기법이다. 혐오적 조건형성 치료는 알코올 중독이나 줄담배를 피우는 장애행동을 치료할 때 흔히 사용되는 방법이다. 이 치료법은 알코올과 무조건 혐오자극을 짝지어 줌으로써 알코올에 대하여 조건회피 반응을 하도록 학습시키는 방법이다. 한 예로, 술을 마실 때마다 구토를 일으키는 약물을 복용하게 함으로써 술을 회피하도록 조건형성시키는 방법은 알코올 중독의 치료, 담배 끊기, 동성애 치료에 상당히 효과적이라는 임상보고가 있다.

③ 체계적 둔감법

잘못된 조건형성으로 인해 생긴 부적응적 증상을 제거하는 대표적 방법이 체계적 둔감법systematic desensitization이다. 이 방법은 불안증이나 공포증을 치료하는 데 특히 효과적인 것으로 알려져 있다. 불안이나 공포는 자율신경반응으로 교감신경의 흥분을 수반한다. 따라서 만일 우리가 교감신경의 흥분을 억제하는 이완 상태를 강화하고 유지하게 하는 훈련을 하여 아무 때나 이완 상태를 계속 유지할 수만 있다면, 어떠한 불안 상황에서도 불안반응을 일으키지 않게 될 수 있다. 이렇듯이, 이완 상태와 불안 상태는 서로 병존할 수 없는 상태다. 따라서 불안반응이 조건형성되어 있는 자극 상황에 이완반응을 새롭게 조건형성시킴으로써 불안반응을 제거할 수 있다. 이처럼 서로 병존할 수 없는 새로운 반응을 통해 부적응적 반응을 억제시키는 것이 상호억제reciprocal inhibition기법이다. 또한 이미 불안반응으로 조건형성되어 있는 자극 상황을 새로운 반응으로 조건형성시켜 기존의 학습 경험을 해체시킨다는 점에서 탈조건형성deconditioning이라고 부르기도 한다. 상호억제 기법을 이용한 점진적인 절차를 통해 탈조건형성을 유도하는 방법이 체계적 둔감법이다.

이 기법의 구체적인 단계를 알아보자. 우선 불안이나 공포가 나타나는 상황을 그 심한 정도에 따라 순서를 정한다. 많은 사람이 모인 자리에 나서서 말을 해야 할 경우 극심한 불안을 경험하는 청년의 예를 들어보자. 많은 사람 앞에서 말하는 게 가장 불안하다면, 이에 비해 많은 사람이 모인 자리에 참여만 하는 것은 불안한 정도가 훨씬 적을 것이고, 이보다는 몇몇 사람이 있는 데서 말하는 것이 덜 불안할 것이며, 친한 친구들 앞에서 말할 때는 거의 불안해하지 않을 것이다. 이런 식으로 불안을 느끼는 정도에 따라 위계적으로 불안 상황의 목록을 작성한다. 그런 다음 긴장이완훈련을 시켜 이완하고자 할 때는 언제든지 이완할 수 있도록 한다. 그런 후에 이완 상태에서 가장 약한 불안 상황을 경험하면 이완 상태에 있기 때문에 전혀 불안하지 않게 된다. 그다음에 좀 더 강한 불안 상황에서 이완을 유지하게 한다. 이런 과정을 통해 가장 심한 불안을 느꼈던 상황에서도 이완 상태를 유지하게 되면 치료는 끝나게 된다.

이 밖에도 부적응행동과 반대되는 바람직한 행동을 했을 때 강화를 줌으로써 부적응행동을 약화시키는 상반행동 강화 방법, 유사한 자극 상황에서도 부적응행동을 하지 않는 모방 대상을 봄으로써 행동 변화를 유도하는 모방학습이나 역할극 등 다양한 방법이 있다.

(2) 바람직한 행동 증가시키기

행동치료에서는 부적절한 행동의 제거뿐만 아니라 적응적이고 바람직한 행동을 증가시키거나 새롭게 학습시키는 여러 가지 기법을 개발하였다. 여기에는 조작적 조건형성의 원리가 주로 이용되는데, 바람직한 행동을 증가시키는 주된 방법은 그러한 행동이 나타났을 때마다 강화를 주는 것이다. 강화에는 바람직한 행동을 할 때 그것을 보상하는 정적 강화법과, 싫어하는 것을 제거해주는 부적 강화법이 있다.

① 행동조성법

행동조성법behavior shaping은 스키너의 조작적 조건형성 원리를 적용해서 부적절한 행동을 없애고 바람직한 행동을 형성하게 하는 기법이다. 예컨대, 초등학교에서 주의가 산만하고 수업 태도가 나쁜 학생을 수업 태도가 바람직한 학생으로 변화시킬 수 있다. 수업시간에 주의가 산만한 행동에 대해서 교사는 관심을 주지 않고 무시하다가, 그 어린이가 교사의 설명에 주의를 기울일 때는 관심을 기울여준다. 또한 그런 행동이 반복되면 칭찬해주고 때로는 상을 주는 등의 방법으로 우연히 나타난 바람직한 행동을 강화시켜준다. 그러면 분주하고 산만한 행동은 서서히 없어지고 수업시간에 주의를 기울여 공부하는 행동이 형성된다. 이 기법은 좋지 않은 습관이나 행동을 교정하는 데에 효과가 있다.

② 환표이용법(토큰경제)

환표이용법 또는 토큰경제token economy는 실제적인 강화물을 대신해서 토큰, 즉 환표(스티커, 모조 동전 등)를 강화물로 사용하여 바람직한 행동을 증가시키는 방법이다. 예를 들어, 정신병원에서 세수를 하지 않고 이부자리를 개지 않는 등 자기돌봄 행위를 하지 않는 만성정신분열증 환자에게 바람직한 자기돌봄 행동을 할 때마다 토큰을 하나씩 지급하여 토큰이 열 개 모이면 강화물(예: 담배, 영화 보기, 외출 등)을 준다. 이런 방법은 치료자가 환자를 새롭게 변화시킬 행동목록과 난이도 등을 세밀하고 체계적으로 계획해야 할 뿐만 아니라, 환자에게 강력한 유인가가 있는 강화물을 선택하여 토큰과 교환할 수 있도록 하는 것이 중요하다.

③ 모방학습

모방학습modeling은 본보기가 되는 다른 사람의 적응적 행동을 관찰함으로써 새롭게 적응적 행동을 학습하게 하는 방법이다. 이 방법은 적응적 행동을 할 줄 모르는 사람에게 새롭게 이러한 행동을 습득시키는 데에 효과적인 방법이다. 예를 들어, 대인관계 기술이 매우 미숙한 청소년에게 다른 학생이 사람에게 인사를 하고 웃는 모습으로 말을 건네는 모습을 관찰하게 하여 그와 비슷한 행동을 하도록 유도할 수 있다. 이때 본보기가 되는 사람은 호감을 줄 수 있어야 하고 강화를 받는 모습이 함께 제시되면 효과적이다. 아울러 이렇게 모방된 행동이 학습되어 실제 장면에서 나타날 때 적절하게 강화를 주면 더욱 효과적이다.

이러한 다양한 행동치료법을 사용하여 사회적 기술 훈련, 의사소통 훈련, 자기주장 훈련, 자기표현 훈련 등 적응적 행동을 학습시키는 훈련 프로그램이 개발되어 있다.

4) 행동주의 입장에 대한 평가

행동주의 입장에서는 이상행동을 구체적인 자극과 반응의 연합으로 정의하고, 이상행동의 형성과 치료 과정을 객관적으로 기술할 수 있다. 따라서 치료의 효율성을 과학적으로 평가하기 쉽다는 긍정적 측면이 있다. 사실 지금까지 이상행동의 심리치료 분야에서 행동치료처럼 그 효과를 객관적으로 밝힌 분야는 별로 없다.

그러나 행동치료에도 몇 가지 문제점이 있다. 우선, 삶을 지나치게 단순화하여 인간을 단순히 외부자극에 대한 반응자로 보고, 마음이라는 심리적 과정을 무시한 점이다.

또한 동물 실험의 결과를 사람에게 무리하게 적용하였다는 점을 지적할 수 있다. 인간은 다른 동물과는 달리 심리적 과정을 통해 행동을 결정할 수 있는 존재다. 이러한 점은 특히 인본주의 입장으로부터 강하게 비판받고 있다. 근래에는 동물 실험에서도 단순히 자극과 반응의 연합이 아니라 인지 과정이 작용한다는 증거들이 있다. 하물며 사람에게는 더 말할 것도 없이 행동하는 데에 심리적 과정이 중요하다. 원래 행동주의적 입장에서 임상 활동을 주도한 학자들조차도 최근에는 행동주의 대신 인지행동적 입장을 표방하고 있다.

고전적 행동주의에서는 대부분의 인간행동을 조건형성의

산물로 본다. 즉, 사람의 행동을 결정하는 것은 자유의지가 아니라 외부자극이라는 것이다. 스키너는 인간을 외부자극에 의하여 통제될 수 있는 피동적인 존재로 보았다. 이런 견해는 종교와 도덕의 기초라고 할 수 있는 인간의 자율성을 무시한 것으로서, 인본주의자들과 실존주의자들의 공격의 대상이 되었다.

행동주의 입장의 또 다른 문제는, 환경자극에 의하여 사람의 행동이 통제될 수 있다는 것을 마치 강화에 의해 인간을 자유롭게 조종할 수 있다는 것으로 받아들일 수 있다는 점이다. 이런 논리를 확대하면 인간은 얼마든지 통제되고 강제될 수 있다는 의미를 함축하고 있어 실생활에서 독재의 논리를 정당화시켜줄 수 있는 위험이 있다. ◆

4. 인본주의적 입장

인본주의 이론은 인간을 욕구 충족적인 존재로 보는 정신분석적 입장과 환경 조작에 의해 인간행동이 결정될 수 있다는 행동주의 입장을 반대하며 대두되었다. 그래서 인본주의 심리학을 '제3의 심리학'이라고 부르기도 한다. 인본주의 이론은 인간을 성장 지향적인 존재로 파악했고, 매슬로Maslow나 로저스Rogers와 같은 인본주의 심리학자는 자기실현의 중요성을 강조했다. 이 입장에서는 심리장애를 자기실현이 봉쇄된 결과라고 본다.

사람은 자기에게 가장 중요한 타인의 돌봄이 없이는 생존과 성장을 하지 못한다. 이런 중요한 타인은 흔히 부모가 되는데, 만일 부모가 자신들의 바람과 기대 때문에 자녀의 진정한 욕구, 생각, 관심을 가치 없는 것으로 여기고 표현하지 못하도록 하면 자녀는 진정한 자신의 잠재력을 발휘하지 못하고 대신 부모가 기대하는 자기를 형성하게 된다. 이런 자기와 진정한 자기 사이에 심한 괴리가 생길 경우 현실을 부정하거나 왜곡하게 되는데, 이런 상태를 심리적 장애라고 본다. 다시 말하면 진정한 자신의 욕구 · 생각 · 관심에 일치하는 행동을 하지 못하면 고통을 겪게 되고, 이런 고통이 심하면 심리적 장애를 일으킨다는 것이다.

이상심리학 분야에서 인본주의적 입장은 1950년대에서 1960년대에 이르는 기간에 미국을 중심으로 형성되었다. 인본주의 심리학은 넓은 의미에서 보면 신정신분석학파, 정신분석적인 자아심리학파를 비롯하여 실존주의적인 치료 입장을 포함하며, 자기실현을 내세우는 로저스의 인간중심 이론, 매슬로의 성장을 지향하는 실존심리학 등이 중심이 되는 심리학의 비교적 새로운 입장이다. 따라서 인본주의 심리학을 정의하기는 무척 어렵다.

매슬로는 인본주의 심리학 전문지를 창간하면서, "인본주의 심리학이란 기존의 행동주의 이론이나 정신분석 이론에서는 설자리가 없는 인간의 가능성이나 잠재 능력에 관심을 갖는다"라고 정의하고 있다. 이 심리학의 주요 주제는 창의력, 사랑, 자기, 성장, 유기체, 자기실현, 고등가치, 자아초월, 자율, 정체, 책임, 심리적 건강 등이다. 로저스는 인본주의 심리학을 특징짓는 용어로 '현상학적, 실존적, 자기 이론, 자기실현, 건강과 성장의 심리학, 실존과 되어가는 존재, 내적 경험의 과학' 등을 들고 있다.

이런 인본주의 심리학은 넓게는 현대의 위기의 시대 상황에서 비롯되었다. 20세기로 들어서면서 인간의 이성과 합리주의 그리고 자연과학의 발달은 인간 사회의 행복을 약속했었다. 그러나 두 차례의 세계대전과 거대한 기계문명 속에서 인간이 수단으로 전락하고 소외되고 가정이 파괴되기 시작하면서 인간의 기대는 위기와 불안 그리고 불확실성으로 바뀌었고, 이런 상황이 인본주의적 입장과 실존적 심리치료 입장을 낳게 했다고 할 수 있다.

좁게는 심리학 분야에서 자연과학의 발전에 힘입어 인간의 문제도 인과법칙이나 결정론적 입장에 기초하여 밝히려고 한 행동주의 심리학과 정신병리를 연구하면서 발전한 정신분석학이 학문의 큰 주류를 이루어온 것에 대한 반동으로 인본주의 심리학이 태동하였다고 하겠다. 행동주의 이론은 인간을 환경적 영향에 의해서 조종되는 고도로 정교한 로봇으로 보는 기계론적 입장을 반영하며, 인간을 자극과 반응의 기제로 환원하여 이해하려 하였다. 한편, 정신분석에서는 인간을 욕망이나 본능에 의하여 지배되며, 무의식적 욕망이나 욕구에 의해 행동이 결정되는 피동적인 존재로 이해하였다.

이런 입장에 대하여 반론을 세기하면서 인간은 주관적 현실 속에서 스스로 선택하고 책임지는 존재라고 보는 새로운 인본주의적 입장이 형성되었다. 이 입장은 인간 개인의 주관적인 경험을 중요시하고, 가치와 자유선택을 중시하며, 심리적 장애보다 성장의 측면을 더 강조하고 있다. 여기에서는 로저스의 인간중심 이론에 초점을 맞추어 살펴보기로 한다.

1) 로저스의 인간중심 이론

인본주의 심리학을 주도한 인물들 중에서 가장 큰 위치를 차지하는 학자는 칼 로저스Carl Rogers다. 그는 임상심리학자로 일하던 초기에 아동상담소에서 일하면서 주로 정신역동적인 입장에 영향을 받았으나, 아동과 청소년을 상담하는 가운데 서서히 자신의 새로운 이론을 세우게 되었다. 그의 이론은 비지시적 상담에서 시작하여 내담자 중심 이론client-centered theory으로, 그리고 1970년대 이후부터는 인간중심 이론person-centered theory으로 발전하였다. 이 이론의 기본적 입장은 인본주의의 기본 입장이기도 하고 좀 더 확대한다면 실존주의 입장이라고 할 수도 있다. 로저스의 인간중심 이론은 다음과 같은 기본적 입장에 근거하고 있다(Rogers, 1951, 1961).

(1) 유기체와 실현 성향

인간은 근본적으로 자기실현을 추구하려는 동기를 지니며 스스로 자신의 문제를 해결하고 이해할 수 있는 능력을 가지고 있다. 실현 경향성actualization tendency이란 자신을 유지하거나 고양시키는 방법으로서 모든 잠재능력을 발전시켜 좀 더 유능한 인간이 되려는 생득적 경향을 뜻한다. 로저스는 개인을 유기체로 이해하였고, 여러 다른 기능과 부분으로 구성되어 있기는 하지만 전체로 반응하는 존재로 보았다. 이는 사람을 요소로 구분하거나 어떤 특질로 이해하려는 입장이 아니라 기능하는 전체로 이해하려는 입장이다.

또한 유기체는 스스로 유지하고 향상하는 능력을 갖고 있으며, 이러한 능력이 실현 성향이다. 실현 성향은 유기체의 발달과 성장을 지향하는 원동력으로, 생득적인 성향이며 행동의 원천이 된다. 이런 실현 성향은 목표 지향적이어서 유기체의 유지와 향상을 지향할 뿐 아니라 자기통제, 독립과 자율 그리고 사회화를 지향하는 것으로 보았다.

(2) 현상적 장

로저스는 인간을 이해할 때 그가 생활하는 환경과 분리된 개인을 상정하지 않았다. 우리가 사는 세계는 객관적으로 설명될 수 있는 세계가 아니라 개개인이 경험하는 세계로서 개인과 분리할 수 없는 세계로 이해한다. 그러므로 현실은 개인이 지각하고 관계를 갖는 세계, 즉 개인이 지각한 현실일 뿐, 개인의 경험을 떠난 객관적 현실을 인정하지 않았다. 즉, 인간은 그가 주변환경을 지각한 주관적 경험 세계인 현상적 장 phenomenal field 속에서 느끼고 생각하며 행동한다. 이런 점에서 그의 입장은 현상학적이라고 할 수 있다.

(3) 자기와 경험의 불일치

유기체는 환경 세계를 지각하면서 서서히 자기가 분화되어 자기구조가 형성된다. 이러한 자기구조는 주요한 타인(대부분의 경우, 부모)과의 평가적인 상호작용 관계의 결과로 형성된다. 평가적인 상호작용이란 아동과의 관계에서 가치를 부여하는 것을 말한다. 유기체는 본연적으로 자기를 지탱하거나 향상시키는 경험에는 긍정적 가치를, 자기를 지탱하는 데 역행하는 경험에는 부정적 가치를 부여한다. 그런데 부모에 의해서 유기체의 경험과는 갈등을 일으키는 가치가 주입되는 경우가 생긴다. 예를 들어보자.

유아는 동생을 때리고 싶은 충동을 느낄 수 있고 실제로 때릴 수도 있다. 이런 경험은 유기체에게는 자연스러운 것이고 긍정적인 경험일 수 있는데, 부모가 이를 거부하고 나쁜 것으로 벌할 때 아이는 이런 경험을 자기의 유기체적 경험과는 상관없이 부정적인 것으로 가치화한다. 이때 아이는 유기체적 경험을 왜곡하거나 부정하게 된다.

이처럼 아이가 유기체로서 경험하는 욕구와 부모의 애정을 얻으려는 욕구 사이에는 갈등이 일어날 수 있다. 특히 부모가 무조건적 존중을 통해 아이를 수용하며 교육하지 못할 경우, 유기체적 욕구와 부모의 요구 사이에 갈등이 커지는데, 이때 아동은 부모의 애정을 얻기 위하여 조건적 가치를 받아들이고 유기체적 경험은 거부하거나 부정하게 된다.

로저스에 따르면, 자기구조가 발달하면서 실현 성향의 일부가 자기 내부로 상징화되어 자기실현 성향으로 통합된다. 이때 자기구조와 유기체의 경험이 일치하게 되면, 실현 성향은 자기실현 성향과 통합되어 성장을 지향해간다. 그러나 만일 자기구조와 유기체적 경험 간에 현저한 불일치가 생기게 되면 실현 성향과 자기실현 성향 간에도 갈등이 생겨나 심리적 문제로 발전할 수 있다.

(4) 불안과 방어

특정한 개인이 부모가 제공하는 조건적 가치로 인하여 유기체적 경험을 자각하거나 수용하지 못하면, 이런 경험은 자기구조 속에 통합되지 못하고 심리적 긴장을 일으킨다. 유기체적 경험과 자기 사이에 불일치가 생기는 것이다. 이처럼 자기구조와 불일치하는 경험은 자기에게 위협이 되거나 불안을 일으키게 된다. 유기체는 자기구조의 유지를 위해 이러한 불안과 위협으로부터 방어하려는 노력으로, 자신의 경험을 부인하거나 자기개념을 왜곡하는 방법을 취하게 된다. 이런 과정을 통해서 자기와 경험의 불일치는 점점 확대되어 가게 된다. 이렇게 되면 자기는 더욱 경직되고, 따라서 유기체와 일치하는 자기실현이 이루어지지 못하고 심리적인 장애를 나타낼 수 있다. 이것이 인간중심 이론의 정신병리론이라고 할 수 있다. 이를 자기실현의 측면에서 보면, 유기체적 잠재 가능성을 실현하는 것이야말로 성장을 의미하며, 이러한 자기실현 경향의 심각한 억제와 왜곡 상태가 정신장애로 나타나게 되는 것이다.

2) 인간중심 치료

로저스는 이러한 이론에 근거하여 이상행동과 정신장애를 나타내는 사람을 치료할 수 있는 치료기법을 제시하였다. 이를 인간중심 치료person-centered therapy라고 한다. 유기체적 경험과 자기 사이에 불일치가 극심한 것이 심리적 장애로 표출될 수 있다고 한다면 어떻게 이런 장애를 치유할 수 있을까? 이는 바로 자기구조의 위협이 없는 상황에서 유기체적 경험을 지각하고 검토하여 이를 자기구조에 통합하는 것이라고 할 수 있을 것이다. 이것은 부모가 제공했던 조건적 관계가 아니라 무조건적 존중의 관계 속에서 가능하다.

로저스는 오랜 상담 경험을 통해 이런 관계의 또 다른 특성은 공감적 이해와 진실성이라고 개념화하고 있다. 그는 1980년대에 와서 이런 관계의 기반을 신뢰라고 표현함으로써 한 가지 특성을 더 언급하고 있다. 이런 치료적 관계, 즉 성장을 촉진하는 관계 속에서 내담자는 자기구조를 변화시킬 수 있는 것으로 보았다.

이때 심리치료는 자기구조의 위협이 없는 상황에서 자신의 유기체적 경험을 있는 그대로 지각하고 검토해 이를 자기구조에 통합하는 것이라고 할 수 있다. 즉, 왜곡되어 있던 자기의 모습을 되찾고 스스로의 자기성취 능력을 회복하도록 돕는 것이다. 이를 위해서는 이전에 부모가 제공했던 조건적이고 평가적이며 가치적 관계가 아닌 새로운 관계 양상을 치료자와의 관계에서 경험해야 한다.

이러한 관계를 위해서 치료자는 무조건적인 긍정적 존중, 공감적 이해, 진솔함과 성실함을 지녀야 한다. 즉, 치료자는 판단을 하지 않고 무조건적으로 내담자를 존중하는 공감적인 이해와 따뜻하고 성실한 태도를 보여주어야 한다. 내담자는 자기의 왜곡된 모습을 직면하고 받아들이며, 있는 그대로의 자신을 볼 수 있게 됨으로써 자기실현을 할 수 있는 사람으로 변화하게 된다.

인간중심 치료의 과정을 좀 더 자세히 살펴보자. 우선 내담자가 도움을 받으러 오면 치료자는, 치료란 내담자가 치료자의 도움을 받아서 스스로 자신의 문제를 해결해나가는 과정이라고 설명해준다. 또한 치료자는 내담자가 자신의 감정을 자유롭게 표현할 수 있도록 따뜻하고 수용적인 태도를 보여준다. 그렇게 함으로써 부정적인 감정도 표현될 수 있으며, 이때 치료자는 이를 수용하고 명료화해준다. 이런 부정적인 감정을 표현하고 난 다음에 내담자는 좀 더 긍정적인 감정과 충동을 표현할 수 있게 된다. 치료자는 이런 긍정적인 감정도 수용하고 명료화해준다.

여기서 중요한 것은 야단을 치거나, 판단하거나, 칭찬하지 않는 대신 부정적인 감정과 긍정적인 감정을 있는 그대로 수용해주는 것이다. 바로 이런 수용적 태도로 인해 내담자는 처음으로 자기자신을 있는 그대로 충분히 이해할 수 있게 된다. 이런 과정을 통해서 내담자는 점차 자신을 이해하고 수용할 수 있게 되는데, 이것을 통찰insight이라고 한다. 이런 심리적인 변화에 수반되어 내담자는 점차 치료 상황 밖에서도 긍정적인 행동을 하게 된다. 자기이해와 통찰도 깊어지며 생산적인 활동을 더욱 많이 하게 된다. 그 결과 내담자가 치료자의 도움

없이도 건강하게 생활할 수 있게 되면 치료는 종결된다.

3) 인본주의 이론의 평가

인본주의 이론은 인간의 긍정적이고 성장적 측면을 부각시켰다는 점에서 많은 호응을 받았다. 그러나 학문적인 관점에서 여러 가지 한계를 지니고 있어 비판을 받고 있다.

우선 인본주의는 과학적인 입장을 도외시한다는 비판을 받고 있다. 이들의 이론은 실험이나 체계적 연구를 통해서 형성된 것이 아니라 대부분 임상적인 활동을 통한 내담자의 주관적 세계에 대한 이해에서 비롯되었다.

과학적 입장을 도외시한다는 주장에 대해서 매슬로는, 인간을 자연과학적 방식으로 연구할 수 있는 측면이 있기는 하지만, 인간의 의지, 가치, 목적, 의미 등은 자연과학적 방식으로 구명될 수 없으며 이는 인간을 이해하는 새로운 방식, 즉 인본주의적 접근으로만 가능하다고 보았다.

인본주의 입장은 특정한 심리적 장애를 이해하고 이런 장애를 치료하는 특정한 이론과 기법을 제안하지 않는다. 그보다는 심리적 장애에 대한 일반적인 입장을 제안하는 것이고, 심리치료와 상담에 대한 치료자의 기본 태도나 자세를 구명하는 것이다.

정신분석에서 인간을 욕구 만족에 매인 존재로 개념화하고 행동주의에서 기계론적으로 인간을 개념화하는 것과는 달리, 인본주의에서는 인간은 자기실현 성향을 지닌 존재 또는 잠재력을 개발할 수 있는 총체적인 존재로 본다. 아울러 인간 이해에 있어서 주관적 경험을 강조한 것은 이상행동을 이해하는 데 있어서 커다란 기여라고 할 수 있다.

이상행동을 부정적인 측면에서 개념화하기보다는 성장과 자기실현에 초점을 두고 개념화한 것은 정신병리의 낙인이나 명명에서 내담자가 받는 불이익과 치료상황에서의 피동성을 불식시키는 데 공헌하였다. 인간중심 이론에서 치료관계를 중요시하고 이 관계의 특성을 명료화하고자 한 것 역시 큰 공헌이다. 공감적 이해, 무조건적 존중, 진실과 신뢰를 기반으로 하는 치료적 관계의 형성은 오늘날 대부분의 심리치료자가 중요시하는 측면이 되었다. ◆

5. 인지적 입장

1960년대부터 급격하게 발전되어 현재 가장 각광받고 있는 인지 이론은 기본적으로 '인간은 사건 자체보다는 사건에 부여한 의미에 의해서 고통받는다'라는 명제에 근거한다. 따라서 인지 이론은 이상행동자나 정신장애자가 환경자극의 의미를 해석하는 독특한 사고방식과 사고 내용, 그리고 그 바탕이 되는 인지구조와 신념 내용에 관심을 갖는다. 이러한 독특한 인지적 활동이 이상행동을 유발하는 중요한 요인이라는 주장이다.

인지 이론은 1950년대 말 조지 켈리George Kelly에 의해 주장된 개인적 구성개념 이론Personal Construct Theory에서 그 효시를 찾을 수 있으나, 이 이론은 당시 큰 주목을 받지 못했다. 이후 인지치료의 개척자라고 할 수 있는 아론 벡Aaron Beck과 앨버트 엘리스Albert Ellis에 의해서 1960년대에 발전되었다. 벡은 정신분석기법의 효과를 과학적으로 검증하는 노력을 하다가 정신분석에서 벗어나 인지치료Cognitive Therapy를 개발하게 되었다. 한편, 엘리스는 정신분석치료의 소극적인 접근방식과 지나치게 긴 치료기간에 불만을 갖고, 보다 적극적인 치료기법으로서 인지적 방식인 합리적 정서치료Rational-Emotive Therapy를 발전시켰다. 최근에 그는 자신의 치료를 합리적 정서행동치료Rational-Emotive Behavior Therapy라고 이름을 바꾸어 인지행동치료법으로 발전시켰다.

다른 한편, 1960년대 초부터 행동치료기법을 본격적으로 임상장면에 적용하면서, 자극과 반응의 학습 이론만으로는 이상행동의 이해와 치료에 미흡하다는 문제가 제기되기 시작하였다. 그 대표적인 입장이 사회학습 이론가들이었다. 사회학습 이론에서는 행동의 인지적 과정을 받아들이기 시작하였고, 더 나아가서 결과에 대한 기대, 자기효능감 그리고 환경통제에 대한 생각과 같은 심리내적 과정으로 행동을 설명하는 것이 더 타당하다고 주장한다.

이러한 임상 분야에서의 발전과는 달리, 1960년대 이후 심리학 내에 인지심리학 분야가 급속도로 발전하면서 인지적 접근의 이론적 근거를 마련한 것도 임상에서 인지적 접근에 기여한 바가 크다고 하겠다. 인지심리학에서는 인간을 정보처리자 또는 문제해결자로 보면서 지각, 주의 과정, 기억 과정

등 정보처리 과정에 대하여 많은 사실을 밝혀주었다. 이러한 연구들로 인해 자극과 반응 간을 매개하는 인지 과정에 대한 관심이 고조되는 한편, 잘못된 적응행동을 정보처리 과정과 문제해결 기술의 결함으로 보고 이에 개입할 수 있게 되었다.

이렇듯 인지적 이론이 여러 경로로 발전되어 왔지만, 사람의 정상적인 행동뿐만 아니라 이상행동을 이해하고 설명하는 데 있어서 인지 과정을 중요시하고 있다는 공통점이 있다.

임상장면에서 인지적 입장은 점차 그 이론적 체계를 세워갔으며, 치료기법으로도 효과를 인정받고, 수련 과정도 체계화되고 있다. 그 대표적인 예로 벡과 그의 동료들이 개발한 인지치료는 현재 많은 나라에서 수련 과정을 개설하여 활발한 교육이 이루어지고 있으며, 우울증에 대한 인지치료기법은 미국에서 공인받았다. 많은 연구결과를 통해서 다양한 정신장애에 대한 인지치료의 치료적 효율성이 입증되고 있다.

여기에서는 벡의 입장을 중심으로 인지적 이론과 치료를 소개하고자 한다.

1) 인지적 접근의 기본 입장

인지적 접근의 기본 가정은 여러 가지 철학적 또는 심리학적 입장에 근거하고 있다. 벡은 인지치료의 철학적 근원을 제노Zeno, 키케로Cicero, 세네카Seneca, 에픽테토스Epictetus, 마르쿠스 아우렐리우스Marcus Aurelius 등으로 대표되는 그리스 시대의 스토아 철학에서 찾는다. "인간은 객관적 세계things에 의해 고통받는 것이 아니라 객관적 세계에 대해 취하는 견해views에 의해 고통받는 것이다"라는 에픽테토스의 말에서 보이듯이, 스토아 철학에서는 인간의 삶에 있어서 주관적인 인지적 경험의 중요성을 강조한다.

이러한 의식적인 주관적 경험을 중시하는 현상학적인 철학적 견해는 칸트Kant, 하이데거Heidegger, 후설Husserl 등의 철학자에 의해서 현대에까지 이어지고 있으며 아들러Adler, 호나이Horney, 설리번Sullivan 등의 정신분석적 심리치료자들에 의해서도 강조되어왔다. 주관적 경험을 중시하는 인지치료의 핵심은 '내담자의 눈을 통해' 비춰진 세상을 이해하는 것이다. 따라서 내담자의 자기보고를 중시한다. 인지치료에서 치료자의 임무는 내담자가 어떻게 세상을 인지적으로 파악하고 있는지를 이해하고, 이러한 인지 내용이 어떻게 정서적 · 행동적 문제에 영향을 미치고 있는지를 살피며, 부적응적 인지 내용을 변화시키도록 자극하는 것이다.

스토아 철학자 세네카가 "인간의 비극은 이성에 대한 열정의 승리에 기인한다"고 갈파하고 있듯이, 인지치료에서는 신경증적 정신병리의 일차적 근원이 현실에 대한 비논리적이고

인지적 접근의 기본가정

1. 인간의 감정과 행동은 객관적 현실보다는 주관적 현실에 의해 결정된다.
2. 이러한 주관적 현실은 객관적 현실에 의해 수동적으로 주어지는 것이라기보다는 객관적 현실에 대한 인간의 능동적인 구조화 과정에 의해 이루어진다. 즉, 주관적 현실은 인간의 내부자극과 외부자극의 종합적 산물이다.
3. 인간의 주관적 현실은 사고와 심상 등의 인지 내용에 반영된다.
4. 인지 내용은 자기자신, 자신의 과거와 미래 그리고 주변 세계에 대한 현상적 장을 구성한다.
5. 인간의 심리적 고통과 정신병리는 이러한 현상적 장, 즉 인지 내용에 현실이 부정적으로 왜곡되는 데에 기인한다.
6. 부정적으로 왜곡된 인지 내용은 심리적 치료를 통해 내담자가 의식할 수 있다.
7. 인지적 내용의 변화를 통해서 감정 및 행동이 변화될 수 있다. 즉, 왜곡된 역기능적 인지의 교정을 통해서 심리적 증상이 호전될 수 있다.
8. 효과적인 치료를 위해서 치료자는 내담자와 협조적인 동반자적 관계를 형성하는 것이 바람직하다.
9. 효과적인 치료는 심리적 증상의 완화 및 제거뿐만 아니라, 내담자로 하여금 스스로 심리적 문제를 해결할 수 있는 능력을 길러주는 것이다.

비합리적인 왜곡에 있다고 본다. 이는 인지치료가 서구의 헬레니즘적인 합리주의와 이성주의의 입장에 서 있음을 반영한다. 즉, 인간의 삶은 인간이 소유한 이성 및 합리적 사고에 기초했을 때 심리적 고통과 부적응으로부터 보다 자유로워질 수 있다는 것이다. 따라서 인지치료에서는 효과적인 심리치료의 핵심이 비합리적인 사고 패턴을 합리적인 것으로 대체하는 데에 있다. 프로이트도 일차 과정과 이차 과정의 구분을 통해, 일차 과정적 사고는 원시적이고 융통성 없는 인지 과정으로서 심리적 미성숙과 혼란 상태에서 일어나는 반면, 이차 과정적 사고는 훨씬 더 많은 융통성과 정밀한 변별력을 가진 정상적이고 성숙된 적응기제로 보았다.

피아제Piaget 역시 그의 인지발달론에서 원시적 사고와 성숙한 사고를 구분하고 있다. 그에 따르면, 성숙한 사고는 현실적이고 합리적이며, 융통성이 있고 상대주의적인 속성을 지니며, 발달의 후기 단계에서 관찰되는 보다 적응적인 사고다. 이러한 관점들은 심리적 부적응이 미숙하고 원시적인 비합리적 사고에 기인하는 반면, 심리적 적응은 보다 합리적이고 이성적인 성숙한 사고에 의해 이루어질 수 있음을 시사하고 있다.

벡은 효과적인 치료를 위해서는 치료자와 내담자의 관계에서 협동적 경험주의collaborative empiricism가 중요하다고 주장한다. 현상학적 입장에서 강조되었듯이, 내담자 자신의 주관적 경험이 중요하여 내담자의 적극적인 개입과 참여 없이 치료자의 일방적 노력으로는 성공적인 치료 효과를 얻을 수 없기 때문이다. 내담자와 치료자는 공동의 목표를 향해 함께 노력하는 동반자적 협동관계 속에서 내담자가 소유하고 있는 자기 자신 및 세상 일반에 대한 인지의 현실성, 객관성, 논리성을 경험적이고 실증적으로 검증하고 확인하는 작업이 이루어지게 된다.

마지막으로, 인지치료는 자가치료self-treatment의 철학을 강조한다. 배고픈 사람에게 고기를 주기보다는 고기 잡는 법을 습득시킴으로써 스스로 고기를 잡아 배고픔을 해결할 수 있도록 도와주는 것이 배고픈 사람을 효과적으로 돕는 방법이라고 본다. 인지치료는 내담자의 증상을 제거하거나 완화시켜줄 뿐만 아니라, 한 걸음 더 나아가 내담자가 스스로 자신이 겪고 있는 문제를 이해하고 해결해나갈 수 있는 방법을 제시하고 인도함으로써 자가치유 능력을 양성하는 것이 보다 지속적인 효과를 기대할 수 있다고 본다. 이런 의미에서 인지치료는 심리교육적인 모델psychoeducational model에 근거한다고 볼 수 있다.

2) 정신장애에 대한 인지 이론

인지 이론은 인지활동이 환경자극의 영향을 매개하여 정서와 행동에 영향을 미친다는 인지매개설에 근거하고 있다. 인지 이론은 정신장애를 설명하기 위해서 다음과 같은 5가지의 개념을 사용하고 있다.

(1) 심리적 문제 및 증상

상담이나 심리치료를 받기 위해 찾아오는 내담자들이 호소하는 심리적 문제는 매우 다양한데 이것은 크게 정서적 · 행동적 · 인지적 · 신체적 문제로 나누어볼 수 있다. 내담자들이 흔히 호소하는 정서적 문제에는 우울, 불안, 죄책감, 만성적 분노, 부적절감, 열등감, 무기력감 등이 있다. 행동적 문제에는 사회생활 및 대인관계의 위축과 곤란, 지연행동, 강박적 행동, 잦은 다툼 등의 공격적 행동, 부적절한 과잉행동 등이 있다. 인지적 문제에는 주의집중의 곤란, 기억력 및 판단력의 저하, 과제 수행의 곤란 등이 포함된다. 그 밖에 두통, 피로, 소화불량, 근육긴장 및 통증, 불면, 식욕감퇴 등의 신체적 또는 생리적 문제들이 있다.

이러한 문제나 증상들은 그 심한 정도가 다양하며, 구분하기 어려울 정도로 서로 밀접한 관계를 갖고 있는 경우가 일반적이다. 심리적 문제나 증상들이 복합적으로 발생하고 그 강도나 지속기간이 심한 경우에는 우울증, 공포장애, 강박장애, 섭식장애 등의 심리장애로 범주화할 수 있다. 임상장면에서 이러한 심리적 문제들은 내담자가 불편과 고통을 느끼고 있는 호소 문제들로서 심리치료를 통해 해결되고 극복되어야 하는 치료의 목표가 된다. 나아가 이러한 심리적 문제와 증상을 발생·지속·악화시키는 요인들에 대한 탐색과 이해가 필요하다.

(2) 환경적 자극 및 사건

인지 이론은 기본적으로 심리적 문제가 환경적 요인과 개인적 요인의 상호작용에 의해서 발생된다는 입장이다. 인지치료에서는 내담자가 호소하는 심리적 문제들이 진공 속에서 생겨나는 것이 아니라 생활 속에서 경험하는 여러 가지 환경적 자극 및 사건에 의해 발생·지속·악화된다고 본다. 내담자의 심리적 문제와 관련되는 환경적 자극 및 사건은 크게 3가지다.

첫 번째는 주요한 스트레스 사건major stressor으로서 내담자에게 심각한 심리적 충격을 줄 수 있는 비교적 비중 있는 다양한 부정적인 생활사건들을 의미한다. 여기에는 가족구성원의 사망 및 질병, 자신의 질병, 가정불화, 가족관계나 이성관계의 악화, 친구와의 심각한 갈등과 다툼, 실직이나 사업 실패, 경제적 파탄과 어려움, 현저한 업무부진이나 학업부진 등의 다양한 사건이 포함된다. 흔히 이런 주요한 부정적 생활사건이 내담자의 심리적 문제를 발생시키고 악화시키는 계기가 되는 경우가 많다.

두 번째는 경미한 스트레스 사건minor stressor으로서 일상생활 속에서 자주 경험할 수 있는 여러 가지 사소한 사건들을 의미한다. 예를 들면, 친구나 가족구성원과의 사소한 다툼이나 언쟁, 친구가 약속시간에 늦거나 안 옴, 적은 액수의 돈을 잃어버림, 주변 사람들로부터의 사소한 비난, 테니스나 탁구 게임에서 패함, 전철에서 발을 밟힘, 상점 판매원의 불친절한 행동 등 다양한 생활사건들이 포함된다. 이러한 스트레스 사건들은 사소하고 미미한 것이어서 치료자나 내담자에게 심리적 문제를 촉발하는 요인으로 감지되기 어렵다. 그러나 이러한 사건들이 빈번히 또는 지속적으로 발생하여 누적되는 경우에는 내담자에게 중요한 영향을 미칠 수 있다.

마지막은, 사회적 지지의 부족lack of social support이다. 사회적 지지는 개인으로 하여금 삶을 지탱하도록 돕는 환경적·물질적·심리적 지원을 의미한다. 이러한 사회적 지지의 부족이나 결여는 심리적인 문제의 발생과 유지에 중요한 영향을 미치게 된다. 가족과 떨어져 지내는 상태의 지속, 소속 집단으로부터 소외된 상태, 친구의 부족, 도움을 요청하고 어려움을 상의할 사람의 부족, 경제적 궁핍, 생활에 필요한 정보를 제공해주는 사람의 부족 등이 그 예다.

(3) 자동적 사고

인지치료에서는 환경적 사건에 의해 특정한 생각과 심상이 유발되고 이러한 생각과 심상의 내용이 특정한 감정 및 행동 반응을 불러일으킨다고 본다. 그리고 이러한 생각과 심상은 의식적인 주의와 노력을 기울이지 않으면 내담자에게 잘 의식되지 않을 수 있다. 또 이러한 생각과 심상은 촉발사건이 발생하면 개인에게 잘 의식되지 않은 채로, 달리 말하면 자동적으로 유발되는 경향이 있다. 벡(Beck, 1976; Beck, Rush, Shaw, & Emery, 1979)은 이러한 인지를 자동적 사고automatic thoughts라고 불렀다. 이러한 자동적 사고는 환경적 사건으로부터 심리적 증상이 유발되도록 매개하는 주요한 인지적 요인이 된다.

특정한 심리적 장애나 증상은 자동적 사고의 내용에 의해서 커다란 영향을 받는다. 예를 들어, 우울증을 경험하는 사람들은 흔히 실패, 상실, 손실, 무능함 등의 주제와 관련된 부정적이고 비관적인 내용의 자동적 사고를 갖는다. 이들은 자기자신, 자신의 미래, 자신의 주변환경에 대해 습관적으로 부

◆ **심리적 장애별 자동적 사고의 주제**

심리장애	자동적 사고의 주제
우울증	자기 자신, 미래, 환경에 대한 부정적 견해
경조증	자기 자신, 미래, 환경에 대한 긍정적 견해
불안증	신체적 · 심리적 위협
공황장애	신체나 정신적 경험에 대한 파국적 해석
공포증	구체적이고 회피 가능한 상황에서의 위협
전환장애	운동 또는 감각적 이상에 대한 믿음
강박증	안전에 대한 반복적 경고 및 회의
자살	희망 상실, 절망
거식증	살찌는 것에 대한 공포
건강염려증	심각한 의학적 질병에 걸려 있다는 믿음

정적 사고를 하는 경향을 가지고 있으며, 벡은 이를 인지삼제認知三題, cognitive triad라고 불렀다. 반면에 불안증을 경험하는 사람은 위협, 위험, 불확실성 등의 주제와 관련된 자동적 사고를 가지는 경향이 있다.

이렇듯이 정신병리에 대한 인지 이론은 자동적 사고의 내용이 정신병리적 반응에 영향을 미친다고 보았으며, 이를 인지적 내용-특수성 가설cognitive content-specificity hypothesis이라고 한다. 이러한 가설은 많은 경험적 연구에 의해서 검증되고 있으며, 벡의 자료를 통해 다양한 심리적 장애를 가진 사람들이 갖는 자동적 사고의 주제들을 볼 수 있다.

(4) 인지적 오류

인지치료에서는 심리적 문제를 호소하는 내담자들이 가지는 자동적 사고의 내용이 많은 경우 비현실적으로 왜곡되거나 과장된 것이라고 본다. 이들은 주변의 사건이나 상황을 체계적으로 왜곡해서 그 의미를 해석하는 경향이 있다. 이러한 생활사건의 의미를 해석하는 정보처리 과정에서 범하는 체계적인 잘못을 인지적 오류cognitive error 또는 인지적 왜곡cognitive distortion이라고 부른다. 벡이 제시하는 주된 인지적 오류에는 다음과 같은 것이 있다.

이분법적 사고dichotomous thinking는 환경적 사건의 의미를 이분법적인 범주의 하나로 해석하는 오류로서 흑백논리의 오류라고 부르기도 한다. 예를 들어, 어떤 일의 성과를 성공 또는 실패 둘 중의 하나로 평가하는 경우나, 타인의 반응에 대해 나를 좋아하는가 아니면 미워하는가 둘 중의 하나로 해석하는 경우다. 이런 오류를 범하는 사람은 경험을 흑백으로 양분하여 해석할 뿐 회색지대를 인정하지 않는다.

과잉일반화overgeneralization란 한두 번의 경험에 근거하여 일반적인 결론을 내리고 무관한 상황에도 그 결론을 적용시키는 오류다. 한두 번의 실연으로 '나는 항상, 누구에게나 실연당할 것'이라고 생각하는 것이 그 예다.

정신적 여과mental filtering는 상황이나 사건의 주된 내용은 무시하고 특정한 일부의 정보에만 주의를 기울여 전체의 의미를 해석하는 오류다. 발표 시 많은 사람이 긍정적인 반응을 했음에도 한두 명의 부정적 반응에만 선택적으로 주의를 기울여 자신의 발표는 실패라고 단정하는 것이 일례다.

의미확대 또는 의미축소magnification or minimization란 사건의 중요성이나 크기를 평가할 때 지나치게 과장하거나 축소하는 오류다. 예를 들어, 자신의 실수는 매우 중요한 사건으로 평가하면서 타인의 동일한 실수는 사소한 일로 평가하는 경우가 이에 해당한다.

감정적 추리emotional reasoning란 특정한 결론을 내릴 만한 충분한 증거가 없거나 또는 오히려 반대되는 증거가 있음에도 막연히 느껴지는 감정에 근거하여 결론을 내리는 오류다.

개인화personalization는 자기 자신과 무관한 사건을 자신과 관련된 것으로 해석하는 오류로서, 자신과 무관하게 타인이 웃는 것을 그가 나를 보고 비웃은 것이라고 해석하는 경우가 그 예다.

이 밖에도 잘못된 명명mislabelling, 독심술적 오류mind reading, 예언자적 오류fortune telling 등이 있다.

(5) 역기능적 인지도식

그러면 유사한 환경적 자극의 의미를 사람마다 달리 해석하는 이유는 무엇인가? 부정적인 자동적 사고는 왜 일어나는가? 환경적 자극의 의미를 부정적으로 해석하는 과정에서 일어나는 인지적 오류는 왜 일어나는가? 심리적 문제의 보다 근원적인 원인에 대한 물음이 제기될 수 있다.

인지치료는 인지적 취약성-스트레스 모형cognitive vulnerability-stress model에 기초한다. 다시 말해 심리적 장애는 인지적 취약성을 가진 사람이 스트레스, 즉 부정적인 환경적 자극에 직면하여 발생된다고 본다. 벡은 이러한 인지적 취약성을 역기능적 인지도식dysfunctional schema의 개념으로 설명하고 있다. 인지도식이란 한 개인이 주변자극을 선택적으로 받아들이고, 자극의 의미를 해석하며, 자신의 경험을 나름대로 조직화하는 인지적인 틀을 의미한다. 벡에 따르면, 이러한 인지도식은 어린 시절의 경험에 의해 형성된다고 한다. 심리적 장애를 경험하는 사람들은 어린 시절의 경험에 의해 특정한 내용의 인지도식을 형성하고, 부정적인 생활사건에 부딪치면서 그 사건의 의미를 특정한 방향으로 왜곡하여 해석하게 되어 결과적으로 심리적 문제를 야기한다고 본다.

벡은 역기능적 인지도식은 비현실적이고 완벽주의적이며 융통성이 없는 신념체계로 이루어져 있다고 보았으며, 이를 맥락에 따라 역기능적 신념dysfunctional beliefs, 역기능적 태도dysfunctional attitudes, 기저신념underlying assumptions 등의 다양한 용어로 불렀다.

부정적인 생활사건에 대한 해석 내용인 자동적 사고와는 달리, 이러한 역기능적 신념은 삶에 대한 일반적인 신념이나 원칙으로서 흔히 절대주의적, 당위적, 이상주의적, 완벽주의적이며 융통성이 없는 내용으로 구성되어 있다. 역기능적 태도 척도에 포함되어 있는 이러한 신념들의 예로는 '사람은 멋지게 생기고 똑똑하고 돈이 많지 않으면 행복해질 수 없다' '다른 사람의 사랑 없이 나는 행복해질 수 없다' '다른 사람에게 도움을 요청하는 것은 나약함의 표시다' '절반의 실패는 전부 실패한 거나 다름없다' '사람들의 인정을 받으려면 항상 일을 잘해야만 한다' '한 인간으로서 나의 가치는 나에 대한 다른 사람의 평가에 달려 있다' '사람들은 언제 나에게 등을 돌릴지 모르기 때문에 믿을 수 없다' 등이 있다.

벡은 인지적 취약성과 스트레스 사건의 상호작용이 상당히 구체적임을 시사하면서, 인지적 취약성으로서 역기능적 신념을 좀 더 구체화하여 특수 상호작용 모델specific interaction model을 제안하였다. 이 모델에 따르면, 역기능적 신념은 2가지 성격차원인 사회적 의존성과 자율성에 대응되는 것으로 세분할 수 있으며, 이러한 신념은 특정한 종류의 생활사건에 대한 취약성으로 작용한다. 사회적 의존성이 높은 사람은 타인의 인정과 애정을 얻고 친밀한 대인관계를 유지하기 위한 노력으로 타인을 즐겁게 하려는 강한 욕구를 지니게 된다. 반면, 자율성의 욕구가 강한 사람은 독립성과 성취감을 얻으려 하고, 타인으로부터 독립을 원하며, 일과 성취를 중시하고, 혼자만의 활동을 좋아한다. 따라서 사회적 의존성이 높은 사람은 대인관계와 관련된 부정적 생활사건(예: 사랑하는 사람의 죽음, 이혼, 별거, 실연 등)에 의해 심리적 혼란을 경험하는 반면, 자율성 욕구가 높은 사람은 독립성과 목표 지향적 행동을 위협하는 부정적 생활사건(예: 실직, 신체적 질병, 업적부진 등)에 의해 심리적인 문제를 경험하게 된다.

인지치료에서 심리적 문제 또는 정신병리를 설명하는 이상의 5가지 구성개념들은 서로 유기적이어서, 역기능적 신념을 많이 지닌 사람은 부정적 생활사건에 부딪치면서 인지적 오류를 범하여 생활사건의 의미를 부정적으로 왜곡한 자동적 사고를 발생시키며, 이러한 자동적 사고는 감정 및 행동상의 심리적 문제를 야기하게 된다. 그러나 이러한 과정이 반드시 이루어지는 것은 아니며, 각 요인들은 서로 영향을 주고받을 수 있다. 예를 들어, 우울한 정서 상태는 자동적 사고의 내용을 부정적이고 비관적인 방향으로 변화시킬 수 있으며, 이러한 지속 상태는 역기능적 신념의 내용에까지 영향을 미칠 수 있다.

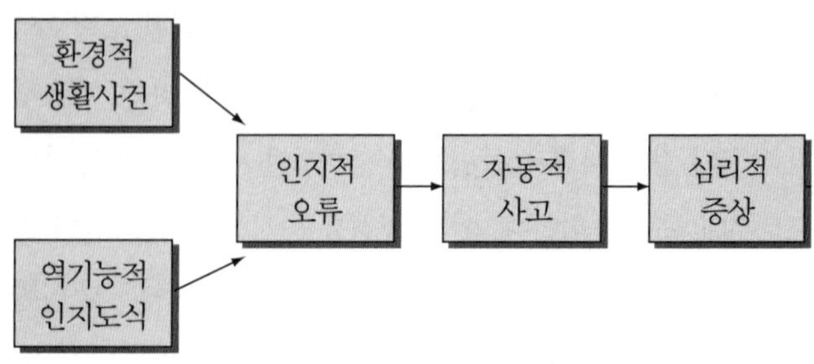

〈심리적 문제에 대한 인지 이론적 설명모형〉

이렇듯 심리장애가 지속되는 단계에서는 부정적 감정과 역기능적 인지 간의 상호작용이 일어나는 악순환의 고리가 형성될 수도 있다.

이러한 설명 모형은 심리장애의 지속 과정보다는 발생 과정을 이해하는 데 적절한 이론적 설명 모형으로, 인지치료에서 내담자의 문제와 인지적 요인들 간의 관계를 체계적으로 이해하고 개념화하는 이론적인 틀을 제공한다.

3) 인지치료

인지치료의 기본 원리는 정신장애의 유발과 지속에 영향을 미치는 부적응적 인지를 변화시키는 것이다. 즉, 인지치료는 내담자로 하여금 자신의 문제를 초래하는 부적응적인 인지를 자각하게 하고, 그 인지 내용에 대한 현실성 · 합리성 · 유용성을 평가하게 하여, 그보다 적응적인 인지로 대체시키는 것이다(Beck, 1976; Beck et al., 1979). 이러한 인지치료의 주요 과정을 좀 더 구체적으로 살펴보자.

(1) 자동적 사고의 탐색과 변화

치료의 초기에 래포 형성과 내담자 문제에 대한 탐색이 끝나면, 내담자의 자동적 사고를 탐색하기 위해서 내담자가 고통스러워하는 문제가 발생했거나 현저하게 경험되는 구체적인 상황과 사건을 정밀하게 살펴본다. 즉, 그 당시 내담자의 머릿속에 떠올랐던 생각이나 심상을 보고하게 한다.

실제 치료 장면에서는 내담자들이 자동적 사고를 자각하고 보고하는 것이 쉽지 않은 경우가 많다. 그 이유 중 하나는 내담자들이 사건을 기술할 때 이미 자신의 주관적인 평가와 인지적 해석을 포함시켜 이야기하기 때문이다. 따라서 자동적 사고의 성공적인 탐색을 위해서는 내담자로 하여금 문제가 야기되는 상황이나 사건에 대한 구체적이고 사실적이며 객관적인 기술을 하게 하고, 그 상황에서 내담자가 느낀 감정 및 행동반응을 일단 자세히 보고하게 한다. 그리고 나서 그 상황에서 머리에 떠올랐던 생각을 보고하게 하거나 내담자가 그 상황을 어떻게 해석했기에 그런 감정을 나타내게 되었는가를 물어보는 것이 효과적이다.

이러한 자동적 사고의 탐색을 단순히 말로 표현하게 하기보다는 ABC 기법을 사용하여 종이에 사건 및 상황과 그때의 감정 및 행동반응을 적어놓고 그 사이에 어떤 생각이 개입되어 있었는지를 살펴보면 효과적이다. 벡의 〈자동적 사고의 일일기록지〉를 사용하여 내담자로 하여금 매일매일 문제되는 감정을 느끼게 하는 사건과 인지를 기록하는 숙제를 주고, 다음 상담시간에 기록지의 내용을 근거로 구체적인 내용을 다루어 가기도 한다. 그리고 그 당시 경험한 감정의 심한 정도와 자동적 사고에 대한 확신 정도를 숫자로 표현하게 해본다. 이러한 방법을 통해 내담자로 하여금 자신의 감정 변화와 그와 관련된 사고 내용에 대한 자기관찰self-monitoring을 하도록 격려한다.

이러한 방법을 통해 특정 상황에서 자동적 사고의 내용이 밝혀지면 과연 그러한 사고 내용이 그 상황에 대한 현실적·객관적·논리적 해석인가를 내담자와 함께 살펴본다. 벡은 상담자가 내담자의 그러한 부정적인 자동적 사고 내용을 직접적으로 논박하기보다는 소크라테스의 대화법적 질문을 통해 내담자 스스로 자신의 사고 내용을 평가하도록 유도하는 것이 필요하다고 강조한다.

인지치료에서 흔히 사용되는 주요한 질문은 '그렇게 생각한 근거가 무엇인가?' '그 상황에서 반드시 그렇게 생각할 수

〈자동적 사고의 일일기록지〉

일시	상황	감정	자동적 사고	합리적 반응	결과
	불쾌한 감정을 유발한 실제사건, 상상, 기억내용을 기록.	불쾌감정을 구체적으로 기록. 감정의 강도 (1~100)	감정에 선행한 자동적 사고의 기록. 사고의 확신 정도(0~100)	자동적 사고에 대한 합리적 반응과 확신 정도 (0~100)	자동적 사고의 확신 정도와 결과적 감정의 강도 (0~100)

작성방법: 당신이 불쾌한 감정을 경험했을 때, 그 감정을 유발한 상황을 기록하십시오. (만약 당신이 어떤 생각이나 상상을 하고 있을 때 그러한 불쾌감정이 경험되었다면 그 내용을 적으십시오.) 그리고 나서 그 감정과 연관된 자동적 사고를 기록하십시오. 그 사고 내용을 확신하는 정도에 따라 0~100의 숫자(0=전혀 확신없다; 100=절대 확신한다)로 평정하십시오. 감정의 강도 역시 1~100의 숫자(1=매우 미미함; 100=매우 강함)로 평정하십시오.

출처: Beck, Rush, Shaw, & Emery (1979).

밖에 없는가?' '다른 해석 방법은 없는가?'다. 이러한 물음을 던짐으로써 내담자 스스로 자신의 사고 내용이 상황에 대한 과장되고 왜곡된 해석이었음을 깨닫도록 하는 것이 바람직하다. 이를 통해 내담자가 상황을 해석하는 과정에서 범하는 다양한 인지적 오류를 밝혀낼 수 있다. 이러한 인지적 오류에 대해서는 오류의 내용을 구체적으로 지적하고 명명해줌으로써 내담자가 자신이 흔히 범하는 오류를 자각하도록 돕는다.

이러한 작업을 통해 내담자의 자동적 사고 내용이 특정상황 및 사건에 대한 타당한 해석이 아닐 수 있음이 확인되면, 내담자로 하여금 그 상황과 사건에 대해 가능한 다른 해석이나 보다 객관적인 해석을 탐색하게 한다. 그리고 그러한 대안적 해석으로 그 상황과 사건을 받아들일 경우, 내담자가 그 사건에 대해 느꼈던 부정적인 감정의 강도가 약화되거나 보다 긍정적인 감정으로 변화하는 것을 경험하게 한다. 이러한 일련의 작업을 내담자가 고통스럽게 느끼는 여러 가지 상황에 적용해보도록 격려한다. 내담자 스스로 일상생활에 적용해보도록 기록지를 활용한 숙제를 통해 꾸준하게 반복 연습하게 하는 것이 중요하다.

그러나 많은 내담자가 실제 상황에 직면하면 부정적인 자동적 사고가 반복해서 나타나고 그러한 사고 내용이 사실적인 해석으로 여겨지면서 어려움을 겪는다. 이때 상담자는 내담자의 그러한 사고 패턴이 습관화된 것이므로 쉽게 변화되지 않을 수 있으며, 따라서 그러한 경험이 자연스러운 것이라는 점, 그러나 꾸준한 반복 훈련을 통해 서서히 변화될 수 있다는 점을 설명해준다. 또한 그러한 상황에서 가능한 대안적인 해석을 생각해보고 자기 자신에게 그러한 대안적인 사고 내용을 반복적으로 되뇌는 것이 중요함을 강조해준다.

(2) 역기능적 신념의 변화

자동적 사고를 중심으로 한 인지치료 작업을 통해 내담자의 문제가 어느 정도 완화되면, 자동적 사고의 바탕을 이루는 보다 근본적이고 심층적인 역기능적 신념에 초점을 맞추어 다루어나간다. 이러한 역기능적 신념을 찾아내는 일은 상당한 내성력을 가진 내담자가 아니면 쉽지 않다. 벡은 역기능적 신념을 찾기 위한 과정을 3단계로 제시하고 있다. 첫 번째 단계에서는 내담자로 하여금 자신의 자동적 사고를 인식하고 보고하게 한다. 두 번째 단계에서는 자동적 사고로부터 공통되는 일반적 주제를 찾아내고, 세 번째 단계에서는 이를 바탕으로 내담자가 지니고 있는 자신의 삶에 대한 원칙 혹은 기본 가정을 찾아내게 한다. 이는 구체적인 사고 내용에서부터 점차 일반적인 신념의 내용을 찾아 들어가는 방법이다.

예를 들어, 졸업을 앞두고 우울감을 호소하는 한 대학생의 '대학 4년 동안 한 게 아무것도 없다' '4학년인데도 아는 게 별로 없다' '발표를 설득력 있게 하지 못한다' '도서관에서 집중하지 못한다' '노력하는데도 학점이 그다지 좋지 않다' 등의 자동적 사고의 내용에는 성취와 관련된 주제가 많았다. 이러한 사고의 기저에 깔려 있는 생각을 추적해본 결과 '도서관에 가 있는 시간에는 100% 집중해서 공부해야 한다' '발표를 하면 듣는 사람들로부터 잘했다는 일관된 반응을 얻어야만 발표를 잘한 것이다' '대학교 4학년이면 어디 가서도 모든 것을 자신있게 이야기할 수 있을 만큼 지식체계가 서 있어야 한다'는 등의 성취와 관련된 완벽주의적인 역기능적 신념을 가지고 있었으며, 이로부터 '내가 하는 일은 완벽하게 해야 한다. 그렇지 못하면 나는 부족하고 열등한 존재다'라는 기본적인 역기능적 신념이 도출되었다.

역기능적 신념을 탐색하는 또 다른 방법으로 하향화살표기법down-arrow technique이 있다. 이 방법은 특정한 사건의 자동적 사고로부터 그 사고의 기저에 있는 신념 내용을 계속 추적해 들어가는 방법이다. 이 방법은 역기능적 신념의 탐색뿐만 아니라 내담자가 자신의 잘못된 자동적 사고가 옳다는 확신을 가지고 고집할 경우에 적용할 수 있는 효과적인 방법이기도 하다. 이 밖에도 내담자들이 흔히 지니고 있는 역기능적 신념을 수집하여 검사로 구성한 역기능적 태도척도Dysfunctional Attitudes Scale를 사용할 수 있다.

이처럼 다양한 방법을 통해 찾아낸 역기능적 신념의 현실성, 합리성, 유용성에 대해서 내담자와 함께 논의한다. 즉, 이러한 신념이 과연 현실 속에서 실현 가능한 것인지, 합리적인 것인지, 삶에 도움이 되는 것인지의 측면에서 살펴본다. 나아가서 보다 현실적이고 합리적인 대안적 신념으로 대체하도록 유도한다. 이러한 과정을 통해서 내담자가 자신과 세상에 대해서 유연한 적응적 신념을 지니게 됨으로써 보다 더 지혜롭고 효율적인 삶을 살 수 있도록 돕는 것이 인지치료의 궁극적인 목표다.

4) 인지적 입장의 평가

심리적 장애에 대한 인지적 입장은 현재 이상심리학자에 의해서 가장 각광받고 있는 이론적 입장이다. 인지적 입장은 과학적인 방법론을 적용하여 정신장애를 유발하는 인지적 과정을 밝히는 데에 커다란 기여를 해왔다. 정신분석적 입장이 지니고 있는 연구방법론의 과학성 결여라는 한계와 행동주의적 입장에서 문제시되고 있는 설명력 부족의 한계를 인지적 입장은 잘 극복하고 있기 때문이다. 또한 이러한 입장에 근거한 인지치료도 여러 장애에 대한 치료 효과가 우수한 것으로 검증되고 있다. 이러한 인지적 입장이 각광받는 몇 가지 이유를 살펴보기로 한다.

첫째, 인지적 입장은 매우 다양한 정신장애(예: 우울증, 불안장애, 약물중독, 섭식장애, 성격장애 등)에 대해서 명쾌하고 구체적인 이해의 틀을 제공한다. 즉, 다양한 심리적 장애와 관련된 구체적인 사고 내용과 인지도식을 제시함으로써 그 생성과 유지에 관여하는 심리적 기제를 좀 더 명쾌하게 이해할 수 있는 이론적 토대를 갖추고 있다.

둘째, 인지적 입장은 다양한 심리적 장애에 대한 명쾌한 치료 원리와 구체적인 치료방법을 제시하고 있다. 즉, 인지치료는 특정한 문제를 유발하는 부적응적인 사고와 인지를 포착하여 변화시키는 다양하고 구체적인 기법을 제시하고 있기 때문에 이해와 적용이 비교적 쉽다. 이러한 점은 심리적 문제의 특성에 상관없이 일반론적이고 막연하게 치료방법을 제시하는 다른 치료 이론과 구분된다.

셋째, 인지치료는 과학적인 태도를 지향한다. 인지치료자는 엄밀한 과학적 방법론에 근거한 경험적 연구를 지속함으로써 심리적 문제에 대한 설명 이론과 치료방법을 검증, 보완, 발전시켜나가고 있다. 이러한 과학적 태도는 추상적이고 사변적이며 권위적인 태도와는 구별되는 것으로서, 인지치료가 보다 객관적이고 정교한 이론적 체계를 구축하여 21세기의 주요한 치료 이론으로 발전할 수 있는 밑거름이라고 생각된다.

이 밖에도 인지치료는 치료자의 교육이 상대적으로 용이하고, 치료 기간이 짧으며, 많은 연구에서 치료 효과가 잘 검증되어 있고, 다른 치료 이론과 접목할 수 있는 가능성이 풍부한 점 등 여러 가지 장점을 지니고 있다.

그러나 인지적 입장 역시 한계를 지니고 있다. 인지적 입장은 인지가 행동과 정서를 매개한다는 가정에 기초하고 있지만 반드시 그런 것은 아니기 때문이다. 우리의 행동은 인지에 의하여 설명될 수 있는 것 이상으로 복잡하다. 사람은 어렸을 때부터 형성된 습관이나 개인적 동기나 선택에 의하여 행동을 할 수도 있고, 대인관계 양상에 따라서 달리 행동할 수도 있다. 이런 점에서 인지적 입장은 사람의 행동을 지나치게 단순화하고 피상적으로 이해한다는 비판을 받는다.

또한 인지가 심리적 장애를 유발하는 원인적 역할을 한다는 인지적 입장에 대한 비판이 있다. 이들은 인지가 심리적 장애의 원인적 요인이라기보다는 심리적 장애의 결과라고 보았다. 예를 들어, 우울한 사람은 우울증의 한 증상으로 자기를 부정적으로 보고 세상을 비관적으로 보게 된다는 것이다.

뿐만 아니라 인지적 입장은 지나치게 현재 상태에서의 인지나 신념을 중요시하는 반면, 그러한 사고가 형성된 과거 발달 초기의 문제가 소홀히 다루어진다는 비판이 있다. 아울러, 다수의 심리적 장애 환자에게는 현실적으로 어려운 환경이 문제의 근원이 되는 경우가 있는데, 인지적 입장에서는 인지라고 하는 주관적 요소를 강조하면서 실제 환경의 어려움을 과소평가한다는 비판도 있다.

인지치료는 적용 대상에서도 한계를 지니고 있다. 일반적으로 지능이나 학력이 낮고 심리적인 내성이 현저하게 부족한 내담자는 인지치료에 적절치 않은 것으로 알려져 있다. 또한 급격한 위기 상태에 있는 내담자나 정신병적 증상이나 심한 성격장애의 문제를 지닌 내담자에게는 인지치료의 적용에 신중을 기해야 한다. ◆

6. 생물의학적 입장

심리적 장애를 병으로 보는 생물의학적 입장은 병균의 침입이나 생리적 변화와 같은 생물학적 · 신체적 원인에 의해 심리적 장애가 생기고, 이를 고치려면 생물의학적 치료를 해야 한다는 의미에서 이 입장을 생물의학적 모형biomedical model이라고도 한다.

심리적 장애의 생물학적 원인에 대한 현대의 관심은, 19세기 말 심한 정신적 퇴화를 보이는 진행성 마비general paresis라고 불리는 장애가 매독균에 의한 감염으로 유발된다는 것을 발견하면서 고조되었다. 이 입장에서는 모든 심리적 장애의 원인이 아직은 발견되지 않았지만 결국에는 진행성 마비처럼 생물신체적 원인에서 발견될 수 있을 것이라는 가정을 받아들인다. 오늘날 생의학 연구자들은 심리장애의 발달에서 뇌신경화학과 뇌손상의 역할에 특히 관심을 기울이고 있다. 생물의학적 모형에서는 심리장애나 행동장애란 용어 대신에 '정신 질환mental illness'이란 용어를, 내담자보다는 환자patient라는 용어를 흔히 사용하며, 진단이나 치료 등 의학적 용어를 주로 사용한다.

1) 생물학적 입장의 접근

생물의학적 입장은 이상행동과 정신장애를 이해하고 그 원인을 밝히는 데 있어서 유전, 신경생화학적 요인, 뇌구조의 특성 등에 초점을 두고 연구하는 분야를 총칭한다. 이런 입장은 크게 3가지 측면에서 접근하고 있다.

첫째, 유전적 소인이나 유전자의 이상이 심리장애를 유발한다는 입장이다. 심리장애 환자의 가계 연구나 쌍생아 연구 결과들은 유전적 소인이 작용한다는 것을 뒷받침하고 있다. 이런 유전적 입장에서는 사람에 따라서 뇌의 구조적 결함이나 신경생화학적 과정의 결손이 생겨서 심리장애를 일으킨다고 보는데, 이런 신체적 결함이나 이상은 유전적 근거를 갖는다고 전제한다.

둘째, 뇌의 신경생화학적 기능의 부조화가 심리적 장애의 원인이라고 보는 입장이다. 뇌신경계는 150억 개에 가까운 신경원으로 구성된 신호전달체계로 이루어져 있다. 그리고 신경원과 신경원 사이의 신호전달방식이 전기와 신경화학적 물질인 신경전달물질에 의해 이루어진다. 지금까지 여러 신경전달물질이 밝혀졌는데, 이 신경전달물질에서 대사의 문제가 생기면 이에 상응하는 심리장애가 생긴다고 본다.

끝으로, 외부의 병균이 침입하거나 개인 내부 또는 외부 환경의 영향으로 뇌의 조직이 손상되거나 침해되어 심리장애를 일으킨다는 입장이 있다. 이미 언급하였듯이 진행성 마비가 이 입장에서 설명 가능한 대표적인 장애라고 할 수 있다. 근래 뇌종양이나 급성뇌막염 등의 증상 중에 정신병과 유사한 증상을 보이거나 기분장애 또는 불안장애 등과 유사한 증상을 보이는 사례에서 이 입장을 지지하는 경우를 볼 수 있다.

여기에서는 이상심리를 이해하고 설명하는 데 있어서 유전적인 입장, 뇌신경계 및 신경생화학적 입장에 대하여 알아보도록 한다. 그리고 생물의학적 입장의 장단점을 살펴볼 것이다.

(1) 유전적 영향

정신장애의 유전적 요인을 연구하는 한 방법은 정신장애자가 지니는 염색체의 특성을 밝히는 것이다. 모든 인체 내 세포는 23쌍으로 된 46개의 염색체를 포함하고 있다. 이 염색체는 많은 유선자로 구성되는데, 유전자마다 부모로부터 받은 유전 정보를 갖고 있다. 23쌍의 염색체 중에는 22쌍의 보통염색체가 있고 23번째 염색체는 성을 결정하는 성염색체다. 각 염색체 내의 유전자는 신체적 특질뿐 아니라 심리적 특질의 유전정보도 있다. 하나의 유전자가 특정한 특질의 유전에 관여하기도 하지만 일반적으로는 여러 유전자가 상호작용하여 행동 특질을 결정한다고 본다. 그러나 유전자가 어느 정도 행동을 통제하는지는 알려져 있지 않으며, 유전자와 환경의 상호작용에 의하여 인간의 행동양식이 결정된다고 보는 것이 보다 현실적이다.

지금까지 유전학의 연구에 의하면 염색체 이상이 심리장애와 관련된다는 보고가 있다. 흔히 몽골리즘으로 알려진 다운 증후군Down's syndrome은 정신지체를 보이는데, 이 장애는 21번째의 보통염색체 쌍이 비정상적으로 형성되어 발생된 것으로 본다. 뿐만 아니라 성염색체의 이상, 예컨대 여성 성염색체인 X가 하나 더 많은 XXY형은 키가 크고 범죄 성향이 있는 것으로 알려졌다. 이렇듯 단일 염색체 이상으로 유발되는 심리장애가 있기는 하지만 이런 경우는 극히 드물다.

일반적으로 볼 때 여러 유전적 요인과 환경적 요인이 상호작용하여 심리장애를 유발한다고 보는 중다요인 모형이 설득력을 지닌다. 이 모형에 따르면, 심리장애가 유발되려면 여러 유전요인과 환경요인이 상호작용해야 한다.

만일 정신분열 장애가 전적으로 유전요소에 의하여 발생한다면 일란성 쌍생아에서는 100%, 형제 사이에서는 50~25%의 동시발생률을 보여야 하지만, 실제로는 일란성 쌍생아에서는 40%의 동시발생률을 보이고, 형제는 7.3%의 동시발생률을 보인다. 이렇게 실제와 추정치와의 차이는 단일 유전요소에 의해서 정신분열 장애가 유발되는 것이 아니라 여러 유전요소와 환경요소의 조합 또는 상호작용에 의하여 발생한다는 것을 뒷받침한다.

① 가계 연구

유전적 특성을 알기 위해 염색체 연구에 더해 서로 다른 가족관계의 유형이 연구되어 왔다. 이런 연구는 가족 간에 유전적 유사성의 정도가 서로 다르다는 것을 가정하고 있다. 예를 들어, 부모와 자식은 유전적으로 50%가 같으며, 삼촌 간에는 25%, 사촌 간에는 12.5%의 유전자를 공유한다. 이 확률을 염두에 두고 문제가 되는 진단 사례의 가족들을 조사하여 각 가족관계에서 개인의 몇 퍼센트가 똑같은 진단을 받을 수 있는지 알아본다. 그런 후 각 가족관계의 확률을 평균하면 형제들의 장애 공유율, 삼촌 간의 장애 공유율 등을 얻을 수 있다.

만약 조사된 확률이 유전자가 공유되는 확률과 대강 일치한다면 장애의 소인이 유전적으로 전달되었음을 강력히 시사한다. 그러나 이런 증거가 반드시 유전적 전이를 입증하는 것으로는 볼 수 없다. 유전적으로 가까운 관계일수록 환경적 유사성이 더 클 수 있기 때문이다. 즉, 장애가 나타나는 양상의 유사성은 유전자의 공유보다 환경의 공유에서 비롯된 결과일 수 있다. 그러나 정신분열증이나 조울증 에피소드는 유전적 요소가 강력하게 작용한다는 것이 가계 연구에서 밝혀졌다.

② 쌍생아 연구

가계 연구가 유전적 요소와 환경적 요소를 구분하기 어렵다는 단점을 보완한 방식이 쌍생아 연구다. 쌍생아는 일란성 쌍생아와 이란성 쌍생아로 나눌 수 있는데, 일란성 쌍생아는 유전적으로 동일하며 이란성 쌍생아는 형제의 경우와 마찬가지로 50%의 유전자를 공유한다. 쌍생아를 통한 유전학 연구에서는 유전지표가 되는 장애 사례들 중 일란성 집단과 이란성 집단을 선택하여 두 쌍생아들의 장애의 일치 여부를 조사한다. 일란성 집단에서의 일치율이 이란성 집단에서보다 상당히 높다면 이는 장애에 대한 소인이 유전적으로 전이된다는 중요한 증거가 될 것이다.

실제로 정신분열증의 경우에 일란성과 이란성 쌍생아의 장애일치율은 5 대 3 정도로, 일란성 쌍생아들에서 일치율이 높다. 조울증에 대한 쌍생아 연구를 개관한 논문에서 일란성 쌍생아의 동시발생률은 73%인 데 비해 이란성 쌍생아는 17%에 불과했다고 보고된 바 있다. 이런 연구결과는 정신분열증이나 조울증에 유전적 소인이 있다는 강력한 증거로 간주될 수 있다.

③ 입양아 연구

쌍생아 연구도 가계 연구와 마찬가지로 환경적 영향이 완전히 배제될 수는 없으므로 이를 보완하는 것이 입양아 연구다. 입양으로 인해 환경적 영향이 달라지는데도 심리적인 특성의 유사성이 발견된다면 이는 전적으로 유전적 요소의 결과라고 할 수 있다. 따라서 입양 연구는 환경적 영향과 유전적 영향을 분리할 수 있는 방법이다. 예를 들어, 심리적 장애를 가진 어머니로부터 아이를 떼어 정상 가정에 입양하여 양육한 후 장애모가 기른 아이와 비교했을 때 유병률이 거의 비슷하다면 그 장애는 유전적인 것으로 결론지을 수 있다. 일란성 쌍생아의 경우도, 입양되어 서로 다른 환경에서 양육되었을 때 두 쌍생아 간의 장애일치율이 이란성의 경우보다 높다면 유전적 전이의 확실한 증거라고 할 수 있을 것이다.

(2) 대뇌의 구조적 손상의 영향

사람의 행동과 감정 그리고 인지 과정 등 심리적 기능은 뇌의 기능과 대응되어 있다. 따라서 뇌조직의 손상이나 병변이 심리장애의 원인이라고 보는 것은 의학 분야에서 새로운 것이 아니다. 뇌조직의 병변은 외부 병균이 침입해서 생길 수도 있고, 알코올과 같은 화학물질의 장기간 섭취로 생길 수도 있다. 또한 뇌종양이나 뇌혈관 장애 등으로 뇌에 구조적 손상이 일어날 수도 있다. 앞에서 언급하였지만, 진행성 마비는 19세기 말까지만 해도 정신병으로 알려졌다가 매독균이 뇌에 침범해서 발생된 것으로 밝혀지면서 다른 심리장애도 조만간 신체의학적 원인이 밝혀질 것이라고 생각하게 되었다. 이런 입장을 살펴보기 위하여 우선 뇌의 구조와 기능을 간단히 알아볼 것이다. 그리고 심리장애의 대표적인 장애라고 할 수 있는 정신분열증과 양극성 장애의 뇌신경조직에 관한 연구를 살펴보겠다.

지금까지 정신분열증이나 우울장애를 비롯한 대부분의 심리장애는 뇌신경의 병변이 분명하지 않은 장애로 기능적 장애라고 하였다. 그러나 최근에 이런 장애에 대해서도 뇌신경의 이상을 찾는 노력이 활발히 이루어지고 있다. 예를 들어, 만성 정신분열증에 대한 뇌신경상의 이상 소견이 최근 연구에서 드러나고 있다. 만성 정신분열증 환자 중에는 뇌의 전두엽 부위에 신경장애를 보이는 환자와 비슷한 증상을 나타내는 환자가 있다. 이런 정신분열증을 음성 증상이 있는 정신분열증이라고 하는데, 이 장애의 증상의 특징은 정상인에게서 일반적으로 볼 수 있는 행동이나 정서표현 등을 전혀 보이지 않는 것이다. 즉, 감정표현이 없거나, 말을 잘 못하고, 대인관계에서 고립되어 있으며, 즐거움을 못 느끼고, 일의 주도성이 결여되어 있다.

몇몇 연구자들이 음성 증상 정신분열증 환자의 뇌를 컴퓨터 단층촬영CT과 자기공명영상MRI을 통해 본 결과, 환자의 뇌실이 정상인에 비해 2배나 커져 있었다. 특히 제3뇌실과 양측방뇌실이 커져 있다는 사실을 보고하였다. 이는 전두엽 뇌조직의 손실을 뜻한다. 또한 정신분열증 환자의 전두엽피질, 해마 앞부분, 편도핵 등의 구조가 위축되어 있다는 보고도 있다. 또한 양전자방출 단층촬영PET을 통해 음성 증상 정신분열증 환자를 조사한 결과, 이들의 전두엽 부위에서 혈액의 흐름이 감소되어 있는 것을 발견하였다. 이런 뇌의 이상이 유전자에 의한 것이라는 직접적인 증거는 없다. 그러나 유전적 소인이 작용하고 생후에 바이러스의 감염으로 발생하는 다발성 경화증처럼, 이 장애도 유전적 소인과 생후 환경의 영향으로 뇌신경에 이상이 생겼을 가능성이 있다는 증거가 제시되고 있다.

우울증과 양극성 장애도 신경질환이나 신체장애로 인하여 발생할 수 있다는 보고가 있다. 즉, 좌측 뇌의 앞 부위에 손상이 생기면 주요 우울장애와 같은 증상을 나타내며, 기저핵이 손상되면 조울증의 증상을 나타낸다고 한다. 이런 임상연구에서 특정한 뇌부위의 손상이 왜 기분장애를 일으켰는지는 확실히 규명하지 못하였지만, 이것이 우울증의 선행요건이 된다는 것은 알 수 있다. 이런 연구들을 계속 발전시키면 심리장애와 관련된 뇌조직의 결함이나 손상을 밝힐 수 있을 것이다. 그러나 이런 뇌조직의 손상이 드러난다고 해서 그것이 반드시 심리장애의 근본적인 원인이라고 할 수는 없다. 왜냐하면 뇌조직의 손상은 제3의 다른 요인에 의하여 일어날 수 있기 때문이다.

(3) 신경생화학적 영향

중추신경계나 말초신경계를 이루는 단위를 신경원neuron이라고 한다. 신경원에는 세포체가 중심부에 있고 양쪽으로 수상돌기와 축색이 있다. 수상돌기는 다른 신경세포로부터 전달되는 신호를 받는 역할을 하고, 축색은 다른 신경세포로부터 받은 신호를 다른 신경세포로 전달하는 역할을 한다.

한 세포의 축색과 수상돌기가 연결되어 신호가 전달되는 것처럼 보이지만(현미경으로 보아도 연결되어 있는 것처럼 보인다) 실제로는 연결되어 있지 않으며, 이 미세한 공간을 연접공간synaptic cleft이라고 한다. 신경의 신호 전달은 전기적인 방법과 화학적인 방법에 의해 이루어진다. 신호는 신경세포 내에서 전기적으로 이동되며, 축색에 이르게 되면 축색의 끝에서 미량의 화학물질을 연접공간으로 내보내게 된다. 이 화학물질은 다음 신경세포의 수상돌기 끝에 있는 수용체와 결합함으로써 다음 신경세포는 전기적으로 흥분되며 이런 과정을 반복하면서 신경정보가 세포에서 세포로 전달된다.

신호를 전달하는 데 결정적인 역할을 하는 화학물질을 신경전달물질neurotransmitter이라고 한다. 지금까지 알려진 신경전달물질은 50여 종이지만 심리장애와 관련된 주요 신경전달물질로는 노르에피네프린, 세로토닌, 도파민을 들 수 있다. 이런 물질들의 과다 혹은 결핍은 심리적인 이상을 일으킨다. 예를 들면, 도파민의 증가가 정신분열증과 관련되어 있는 것으로 나타났다. 뇌의 특정 부위의 도파민의 감소는 잘 알려진 바와 같이 파킨슨씨 병을 일으킨다. 그 외에도 노르에피네프린이 높거나 세로토닌이 낮은 것은 우울증과 관련이 있다. 하지만 이런 결과들은 신경전달물질의 작용을 너무 단순화시킨 경향이 있다. 최근 연구에 의하면 여러 유형의 신경전달물질과 수용체가 발견되고 있고 상호작용도 매우 복잡하다는 것이 밝혀지고 있다.

신경전달물질은 다양하지만 뇌의 부위에 따라서 특정한 신경전달물질에 민감한 신경세포들이 같이 모여 있는 경향이 있다. 이런 세포들은 뇌의 한 부분에서 다른 부분으로 계속 연결되어 신경전달물질의 통로를 이루고 있다. 서로 다른 신경전달물질들이 작용하는 부위는 대체로는 구별되어 있지만 겹치는 곳도 있다. 또한 신경전달물질의 통로들은 다른 것과 연결되어 상호작용하여 하나의 변화가 다른 것에도 변화를 가져오기 때문에 특정 신경전달물질과 특정 심리장애를 직접적으로 연관시키는 것은 무리가 있다. 대표적인 신경전달물질을 소개하면 다음과 같다.

① 세로토닌

세로토닌serotonin의 화학명은 5-하이드록시트리프타민5-HT이다. 세로토닌의 통로는 중뇌에서 시작하는 것으로 보이며, 여섯 개 정도의 통로가 뇌의 각 부분을 통과하여 많은 부분이 대뇌피질에서 끝난다. 세로토닌은 우리가 의지적인 행동을 할 때 운동 기능을 조절하는 기능과 관련이 있다. 예를 들어, 우리가 의지적으로 일어나서 걷고자 할 때 세로토닌이 활성화된다. 그 밖에 먹는 것, 성적인 행동, 공격적인 행동의 조절 등 자기억제와 관련되어 세로토닌의 활성이 낮을수록 억제력이 떨어진다. 결국 세로토닌은 뇌의 외부에서 뇌로 전달되는 정보를 처리하고 정보의 흐름을 안정화시켜서 우리의 행동, 정서, 사고 과정을 조절하는 것으로 보인다. 세로토닌 수준이 아주 낮은 경우는 충동억제력의 감소, 상황에 대한 지나친 반응, 불안정성, 충동적인 성행동 혹은 과식, 공격적인 행동, 심지어는 살인과 같은 행동 변화를 유발한다. 이러한 관찰을 통해 세로토닌은 행동의 억제 혹은 조절물질로 생각되었다.

하지만 세로토닌의 감소가 반드시 이러한 변화를 유발하는 것은 아니며 뇌의 다른 신경전달물질이나 사회적 혹은 심리적인 영향 등이 이를 보상해주는 것 같다. 즉, 낮은 수준의 세로토닌은 그러한 행동을 하기 쉽도록 할 뿐이지 직접적으로 그런 행동을 유발하지는 않는다.

② 노르에피네프린

노르에피네프린norepinephrine은 스트레스나 위급상황 시에 부신선에서 분비되는 물질로, 이것은 중추신경계에서 중요한 신경전달물질로 작용한다. 뇌 안에 여러 개의 노르에피네프린 통로가 발견되었는데 그중 가장 중요한 것은 뇌교 부위에서 시작되어 변연계, 대뇌피질, 뇌간으로 향하는 통로다. 뇌교 부위는 호흡과 같은 기본적인 기능을 담당하는 곳으로, 위급상황 시의 반응을 조절하는 곳으로 보인다. 이로 미루어 이 통로는 공황장애와 관련이 있을 것으로 짐작되지만, 다른 신경전달물질과 마찬가지로 직접적으로 심리적인 이상을 일으키는 것은 아니다.

③ 도파민

도파민dopamine은 정신분열증과 관련이 있는 신경전달물질로, 정신분열증에 사용되는 약들은 대부분 도파민 수용체를 차단하는 작용을 한다. 최근 연구에 의하면 도파민은 뇌에 존재하는 많은 신경전달물질의 통로를 개폐하는 작용을 하는 것으로 생각되며, 일단 통로가 열려야만 각 신경전달물질이 특수한 기능을 할 수 있다. 도파민의 통로가 여러 곳에서 세로토닌의 통로와 만나는 것으로 보아 두 통로가 서로 균형을 이루는 역할을 하는 것 같다. 예를 들어, 도파민은 모험적인 행동으로 즐거움을 추구하는 경향과 관련이 있고, 세로토닌은 충동적인 행동의 억제력과 관련이 있다.

이렇게 볼 때 특정 신경전달물질의 과다나 결핍이 직접 심리장애와 관련된다고 가정하였던 종래의 추론은 많이 수정되어야 할 것 같다. 신경전달물질이 특정 장애에 대한 취약성을 높이는 것으로 보는 것이 더 적절한 추론이다. 생화학적 요인이 곧바로 심리장애의 원인으로 작용하기보다는, 생화학적 변화가 환경적인 여건과 상호작용하여 심리장애를 일으키는 것으로 생각할 수 있다.

2) 생물의학적 치료

생물의학적 접근에서는 정신장애의 치료를 위해서 물리적인 방법을 사용한다. 생물의학적 치료의 주된 방법은 약물치료, 전기충격치료, 뇌절제술이다.

약물치료Drug Therapy는 주로 뇌중추신경계의 신경전도물질에 영향을 주는 화학물질, 즉 약물을 통해 증상을 변화시키려는 방법으로, 생물의학적 입장을 지닌 사람들의 가장 주된 치료방법이다. 1950년 이후 항정신성 약물의 급격한 개발이 이루어져 다양한 정신장애의 치료에 사용되고 있다. 약물치료는 여러 가지 부작용이 따른다는 약점을 지니고 있으나, 최근에는 이러한 부작용을 최소화하는 약물이 다양하게 개발되고 있다.

다음으로 전기충격치료Electric Convulsion Therapy가 사용되기도 한다. 이는 뇌에 일정한 강도의 전기충격을 가하여 심리적 증상의 호전을 유발하기 위한 방법이다. 이 방법은 다른 치료법에 효과를 나타내지 않는 심한 정신분열증이나 우울증 환자에게 적용된다. 때때로 이 방법이 극적인 치료 효과를 나타내기도 하지만, 그 치료기제에 대한 학술적 이해가 부족하며 대부분의 환자들이 이 치료법을 두려워한다는 점에 한계가 있다.

때로는 뇌절제술Brain Surgery도 사용이 된다. 이는 뇌의 특정한 부위를 잘라내는 방법이다. 이러한 방법은 극단적인 경우를 제외하고는 잘 사용되지 않는다. 예를 들어, 심한 간질 환자의 경우 양 반구를 연결하는 뇌량을 절개함으로써 간질의 부정적 여파가 다른 반구로 전달되는 것을 방지할 수 있다.

3) 생물의학적 입장에 대한 평가

생물의학적 입장은 약물치료의 근거를 제공하고 과학적 연구를 자극한다는 측면에서 유용하다. 그러나 정신분열증의 기이한 행동이나 기분장애 환자의 조증이나 우울장애가 화학적 약물로 조절이 되었다고 해서 이런 장애들이 단순히 신경체계의 특정한 화학적 이상이라고 보는 데에는 문제가 제기될 수 있다. 지금까지의 임상 경험으로 보면, 이런 장애의 증상 행동이 심리치료로도 호전되는 경우가 많다. 그리고 어떤 생물의학적 입장에서도 환경적인 요소의 작용을 배제하지 않는다. 생물의학적 접근방식의 문제점을 살펴보자.

첫째, 생화학적 이상이나 신경조직의 손상이 특정 심리장애와 연합되어 있다고 해도 그 이상성이 그 장애를 일으킨 원인이라고 할 수는 없다. 둘 다 알려지지 않은 요인에 의해서 생길 수도 있기 때문이다. 가령 알코올 중독으로 인한 코르사코프 증후군은 뇌조직에 장해가 있지만, 이런 장해가 있다고 하여 그것이 원인이라고 하기보다는 알코올이라는 유해물질을 장기간 복용했기 때문이라고 볼 수 있고, 알코올 중독이 되게 한 또 다른 이유가 있을 수 있다.

둘째, 최근의 신경과학적 연구들은 심리장애를 지나치게 정신약물로 치료하는 것을 강화하는 경향이 있다. 약물치료가 증상 완화를 위하여 유용한 경우가 많다고 하더라도 심리장애의 여러 행동 특성들은 심리적 교육 훈련이나 상담을 필요로 하는 경우가 많다. 그런데 생물의학적 입장에서는 심리치료나 상담을 소홀히 할 수 있다는 문제가 생긴다.

셋째, 여러 가지 윤리적인 문제도 제기될 수 있다. 어떤 장애가 유전적 요인을 포함한다면 그 장애를 가진 사람에게 아이를 낳지 못하도록 할 것인가, 아니면 아이에게 장애가 생길 수도 있다고 경고할 것인가? 이런 문제는 단순히 의학적인 문제를 넘어서서 사회적 문제가 될 수 있다.

생물의학적 입장에서 볼 때 심리적 문제는 신체와 분리하여 생각할 수 없다. 또한 신체적 문제가 본질적이라고 말하기도 어렵다. 학습이나 양육 경험이 뇌의 구조와 기능을 수정하고 생물학적 변화를 유발한다는 많은 연구결과가 있기 때문이다. 현대의 대다수 연구자는 환경적인 요인과 신체적인 요인을 함께 고려하는 스트레스-취약성 모델Stress-Vulnerability Model을 선호하는 경향이 있다. ◆

7. 사회문화적 입장

지금까지 살펴본 정신분석적 입장이나 인지적 입장 그리고 생물의학적 입장은 개인의 수준에서 심리장애를 이해하고 설명하려는 이론이라고 할 수 있다. 이와는 달리 사회문화적 요인이 심리장애를 유발한다는 입장이 있다. 인간은 사회적 존재로서 한 문화 속에서 태어나서 삶에 대한 태도, 신념, 생활 방식 등을 형성하면서 살아간다. 이렇게 사회생활을 하는 과정에서 그 사회의 고유한 특성이 심리장애를 유발하기도 한다는 것이다. 현대사회의 청소년은 한 세대 이전의 청소년에 비하여 우울증이 10배나 더 늘었다는 보고가 있다. 그 이유는 경쟁적이고 성취 지향적인 현대사회의 분위기가 더 많은 좌절과 실패를 경험하게 하기 때문이라고 한다.

사회적 지지망이 견고한 사람은 신체적으로나 정신적으로 더 건강한 반면, 사회적 지지망이 빈약한 사람 중에는 스트레스성 질병에 걸리는 비율도 더 높고 자살률도 더 높다는 보고가 있다. 이런 것도 사회문화적 영향이라고 할 수 있다. 사회의 가장 작은 단위는 가정이다. 지금까지 연구된 바로는 부부간에 갈등이 심하고 자녀교육방식이 변덕스러울 때 자녀들이 행동장애나 성격장애를 일으키는 경우가 더 많다. 이처럼 여러 가지 사회문화적 요인이 정신장애에 영향을 줄 수 있다.

1) 사회문화적 요인

(1) 하위문화의 영향

같은 사회문화권이라고 하더라도 하위문화에 따라서 생활조건이 다르고 생활하는 방식이 다르다. 빈민가에 사는 사람은 그렇지 않은 지역의 생활인보다 더 억압되고 더 많은 좌절을 경험하면서 생활할 것이라고 쉽게 짐작할 수 있다. 이런 생활조건이 특정한 행동장애를 유발할 수 있다. 미국에서 이루어진 연구에 의하면, 사회경제적 계층과 심리장애의 발생은 유의미한 상관이 있는 것이 드러났다. 즉, 신경증에 해당하는 장애는 상류층에서 더 많이 발생하고 정신병은 하류계층에서 더 많이 발생하였다.

이런 결과에 대해서, 사회문화권의 생활조건이 특정한 장애를 유발할 수 있다고 해석하는 학자가 있다. 즉, 하류 문화권에서는 좌절과 갈등이 심하고 그만큼 심한 심리적 장애를 더 유발할 것이라고 추론하는가 하면, 중 · 상류층에서는 성취의 좌절이나 인간관계에서의 위협이 문제가 되어 불안장애나 우울증과 같은 장애가 더 유발될 수 있는 것으로 해석한다. 특히 정신분열증은 도시 중심부의 빈민가에서 생활하는 낮은 사회경제적 계층에 많다는 연구결과가 있다. 이러한 결과에 대해서, 낮은 계층으로 살아간다는 것이 다른 사람으로부터 무시당하고, 교육 및 보상의 기회가 적으며, 많은 스트레스 등을 유발하여 정신분열증의 원인이 된다는 해석이 있다. 이를 사회원인적 가설sociogenic hypothesis이라고 한다.

그런가 하면 이와는 전혀 다르게 설명하려는 가설도 있다. 하류층에서 정신분열증이 더 많이 나타나는 것은, 하류사회문화에 속하는 것이 유발조건이라기보다는 정신분열증의 결과라는 가설이다. 즉, 어떤 사람이 정신분열증에 걸리면 원래 중 · 상류층에 속한 사람이라도 점차 사회생활 능력이 떨어져 적응을 못하여 하류층으로 전락하기 때문이라는 것이다. 이를 사회선택 가설social selection hypothesis이라고 한다. 따라서 하류층에서 정신병의 빈도가 더 높은 것은 장애로 인한 결과이지 장애의 원인은 아니라는 것이다.

빠른 사회 변화나 사회 해체 현상이 성격장애나 정신분열증 발생과 관련된다는 연구가 있다. 1970년대 말 미국에서는 실업과 경기 침체가 지속되었는데 이 시기에 자살자, 정신과 병원 입원 환자, 스트레스 관련 장애로 인한 사망자가 증가하였다고 한다. 전통적 사회에서 산업 사회로 이주한 사람들을 조사한 바에 따르면 이들 중 무기력증에 빠진 환자들이 많았다고 한다. 또한 유전이 발견되어 갑자기 생활이 부유해진 알래스카 특정 지역을 대상으로 조사한 바에 따르면, 급격한 사회 변화로 발생하는 스트레스에 대처하지 못하여 알코올 중독의 발생 비율이 급격히 증가했는데 성인 남자 중에서 70%가 상습적인 음주자로 분류되었다고 한다.

성차별이나 사회불평등이 심한 사회에서는 심리장애가 이런 사회병리의 결과로 나타난다는 증거를 보이기도 한다. 우울증이 남성에 비하여 여성에게 두드러지게 많은 것이나 좌절하기 쉬운 하류층에서 정신분열증 발병률이 높은 것도 이런 사회병리를 반영하는 것으로 볼 수 있다. 영국의 실존정신의학자인 랭Lang은 병든 사회에서 정상을 유지하려는 사람이 정신분열 장애를 드러낼 수 있다고 경고하였다.

하위문화와 심리장애와의 관련성은 도시화에서도 엿볼 수 있다. 도시의 과밀한 인구 밀도가 행동장애의 요인이 된다고 한다. 이는 동물을 대상으로 한 실험에서 극명하게 드러난다. 쥐를 대상으로 한 실험에서 쥐들은 일정한 공간에 과밀하게 차 있으면 동족살상, 변태적 성행위, 공격행동 등 이상행동을 보였다. 사회학적 조사에 의하면 대도시의 범죄율이 농어촌 지역에 비하여 월등하게 높은 것으로 알려지고 있다.

유명한 심리학자인 밀그램Milgram은 뉴욕시에서의 첫 경험을 가위눌림에 비유하고 있다. 거리에서 사람들에게 밀리고 부딪치면서도 전혀 사과도 없는 비인간적인 거리 풍경, 택시를 잡으려는 사람들의 실랑이가 전투를 방불케 하였다고 회상한다. 이런 상황이 어떤 사람에게는 이상행동을 유발할 수 있다는 것이다. 한 조사에 의하면, 대도시에 거주하는 성인 남자의 정신분열증 발생률이 중소도시에 비하여 38%나 더 높다는 보고가 있다. 이 경우 인구 이동이나 역기능적 가정 등의 변인을 통제하여도 여전히 같은 결과를 나타냈다고 한다.

사회적 불안정은 불안을 일으키는 요인이 된다. 프롬Fromm은 현대 서양의 자본주의적이고 경쟁적인 사회문화가 상품적 성격marketing personality을 만든다고 주장한다. 호나이Horney는 현대 문명의 본질적 경쟁요소가 이런 신경증적 장애를 만든다는 의미에서 문화신경증이라고 불렀다. 이런 가치관은 우울, 패배감으로 인한 만성적인 불안, 실패의 두려움, 열등감 등을 만든다.

(2) 비교문화적 차이

하위문화뿐 아니라 문화권에 따라서도 심리적 장애의 발생률이 다르다는 연구 보고가 있다. 종족에 따라서 특정한 심리 장애의 발생이 다르다는 보고가 그것이다. 인류학자인 말리노우스키Malinowski는 3개의 원시 사회를 비교한 결과, 문화의 형태가 신경증적 장애의 양과 종류를 결정한다고 주장하였다. 트리브리안더 섬에 사는 사람에게는 근처 섬사람과 비교하여 신경증적 장애가 매우 드문데, 이것은 그 섬에서는 성이 개방되어 있으며 아버지 역할을 하는 사람이 거의 존재하지 않는 가족제도 때문이라는 것이다. 반대로 서양 사회에 신경증적 장애가 많은 것은 산업혁명, 경쟁성, 획득성을 장려하는 문화 때문이라고 주장하였다.

미국에서의 알코올 중독에 대한 연구를 보면 아일랜드인 2세들이 다른 어느 종족보다도 알코올 중독으로 입원한 비율이 더 높다고 한다. 예컨대 뉴욕 시민 중 10%가 아일랜드 출신인데, 알코올 중독으로 정신과에 입원한 환자 집단 중 40%가 아일랜드 2세로 알려졌다. 이와는 대조적으로 이탈리아인 2세(15%)와 유태인(25%) 중 알코올 중독으로 입원한 환자는 1%와 0%라고 한다.

국제적으로 정신분열증에 대한 연구를 한 바로는, 문화적인 배경에 따라서 그 발생 비율이 달랐다는 보고가 있다. 즉, 아일랜드인은 다른 어느 지역 사람보다도 정신분열 장애의 발생 빈도가 더 높았다. 이 연구에서 밝혀진 또 하나의 특징은,

정신분열증 환자를 2년 후 추적하여 살펴본 결과 회복률에서 현저한 차이가 나타났는데 비교적 전통적인 사회에서의 회복률이 높았다. 예컨대 나이지리아의 경우 58%가 증상이 호전된 데 비하여, 덴마크는 7%만 호전되었다고 보고하고 있다.

이 연구결과에 대해서 어떤 학자들은, 흔히 전통 사회에서는 정신분열증에 대하여 낙인찍는 일이 없고 이들이 기괴한 행동을 하더라도 사회가 이를 수용하는 반면, 산업 사회에서는 이들을 가정에서 받아들이지 못하고 이들의 기괴한 행동을 수용하지 못하여 환자 생활을 더 오래 하게 되는 것으로 해석하였다.

이들의 연구결과를 좀 더 자세히 분석한 바에 의하면, 나이지리아의 경우 회복된 환자가 사실은 회복된 것이 아니고 황폐화된 상태에서 퇴원 생활을 하였다고 한다. 따라서 사회조건에 따라서 회복률이 달라진다고 결론을 내리기는 아직 이르다.

한편, 정신분열증 환자의 증상을 연구한 여러 연구에서도 종족 간에 차이가 있다는 것을 보고한 바 있다. 미국에 이민온 이탈리아계 정신분열증 환자는 아일랜드계 환자에 비하여 더 공격적이고 들떠 있으며 더 기괴한 증상을 보였다고 한다. 극동 3개국의 정신분열증 환자는 환각 증세의 내용에서 뚜렷하게 차이가 난다는 연구결과도 보고되고 있다.

문화 차이에 따른 이상행동의 차이와 관련하여 특정한 사회문화에서만 볼 수 있는 특정한 심리장애가 있다는 보고도 있다. 동남아에는 코로koro라는 특유한 장애가 있다. 이것은 남성의 성기가 몸 안으로 들어간다고 믿어서 공황 상태에 빠지기도 하고 결국에는 죽음에까지 이르기도 하는 독특한 장애다. 남아메리카 원주민에게서는 부두voodoo병을 볼 수 있는데, 이는 금기를 어긴 주민에게 무당인 사제가 저주를 하면 시름시름 앓다가 죽는 병이라고 알려져 있다. 이러한 코로나 부두병, 우리나라의 화병 등은 특정 문화에서만 볼 수 있는 심리적 장애라고 할 수 있다.

(3) 사회적 낙인론

우리 사회는 심리장애에 대한 편견이 심하고 장애 환자를 경원시하는 경향이 있다. 즉, 정신과에 입원한 경험이 있는 환자는 정신병자로 이름이 붙여지며, 사회생활에서 외면당하기 쉽다. 직장을 얻기도 어렵고, 직장에 다닌다고 해도 정신병원에 입원한 경력이 드러나면 동료로부터 외면당해서 적응하기가 힘들다. 가정에서 이들을 돌보는 것이 어렵고 이런 소외 속에서 장애가 재발되기도 하며, 심지어는 행동이 평소와 좀 달라지면 정신병원에 다시 입원시키는 일이 생기게 된다. 이렇듯 심리장애로 한 번 진단되면 이 사회에서 적응하기가 어려워지고 환자의 역할을 강요당하게 된다는 것이 사회적 낙인론 social stigma theory의 골자다.

급진적인 낙인 학설을 주장하는 학자는 여기서 더 나아가, 우리 사회는 중산층의 행동규범에 익숙해져 있기 때문에 하류계층에서는 별로 저항 없이 받아들일 수 있는 다소 지나친 과격행동이나 정서표현을 수용하지 못하고 정신병원에 격리되며, 한 번 정신병원에 입원한 경력이 있는 환자는 사회에 적응하기가 더 어렵게 된다. 그래서 사회적 책임이 면제되는 환자의 역할을 계속하게 된다고 주장한다.

2) 사회문화적 입장의 평가

사회문화적 입장은 심리장애의 발생과 관련되는 사회문화적 요인을 밝히는 데에 공헌하였다. 그리고 가정에서 육아방식이나 정서적 풍토가 심리장애와 관련되는 것을 밝힘으로써 심리장애의 예방 프로그램을 개발하고 사회복지적 활동을 펴는 데 도움을 주었다.

반면에, 사회문화적 입장은 심리장애를 설명하고 치료기법을 개발하는 데에 한계가 있다. 같은 사회문화적 환경 속에서도 특정한 사람들만이 심리장애를 경험하게 되는데, 사회문화적 입장은 이러한 개인적 차이를 설명하지 못할 뿐만 아니라 개인적인 치료방법을 제시하는 데에도 한계를 지니고 있다. 1970년대에 많은 관심을 모았던 지역사회적 접근이 1980년대에 들어서면서 그 한계를 드러낸 것도 어떻게 보면 사회문화적 접근의 한계를 현실적으로 입증한 것이라고 할 수 있다. ◆

8. 이상행동과 정신장애의 치료

대부분의 사람은 크고 작은 심리적 문제에 직면하게 되면 가족과 친구를 비롯한 주변사람들과 상의하며 조언을 구한다. 일부 사람들은 종교인, 심지어 주술사나 역술인에게 조언을 구하는 경우도 있다. 이처럼 주변사람들의 조언과 도움을 통해 삶 속에서 부딪치는 다양한 심리적 어려움을 극복할 수 있다.

그러나 이러한 도움을 통해서 쉽게 극복하기 어려운 심리적 문제들도 많다. 특히 이 책에서 살펴본 다양한 정신장애의 경우에는 정신건강 전문가의 도움을 받는 것이 바람직하다. 정신장애가 발생한 초기에 치료를 받을수록 치료효과가 더 좋다. 심리적인 문제의 심각성을 무시하고 오랜 기간 방치하여 심각한 정신장애로 악화하는 경우가 흔하다. 자신이든 가족 구성원이든 심리적 문제의 양상과 심각도를 잘 판단하여 적절한 치료를 받는 것이 정신건강을 유지하는 지름길이다. 정신장애를 치료하는 주된 방법에는 크게 심리치료와 약물치료가 있다(권석만, 2012, 2014).

1) 심리치료

심리치료psychotherapy는 스스로 해결할 수 없는 심리적 문제나 장애를 지닌 사람을 돕는 전문적인 직업적 활동이다. 월버그Wolberg는 심리치료를 "증상을 제거 · 수정 · 경감하고 장애행동을 조절하며 긍정적인 성격발달을 증진하기 위한 목적으로 훈련된 사람이 환자와 전문적인 관계를 형성하여 정신적 문제를 심리학적 방법으로 치료하는 것"이라고 정의하였다(Wolberg, 1977). 심리치료에 관한 많은 저술을 한 임상심리학자 가필드Garfield는 심리치료를 다음과 같이 설명하고 있다(Garfield, 1995). "심리치료는 두 사람(두 사람 이상이 될 수도 있지만) 사이의 상호작용으로 이루어진다. 그중의 한 명인 환자 또는 내담자는 치료를 통해 도움을 받을 수 있다고 생각되는 문제를 해결하기 위해서 도움을 받고자 한다. 나머지 한 사람은 필요한 치료적 도움을 제공할 수 있도록 전문적인 훈련을 받고 필요한 자원을 가지고 있는 치료자다. 둘 사이의 상호작용은 제스처, 동작, 표정, 감정표현을 통해서도 이루어지지만 주로 언어를 통해서 이루어진다. 따라서 치료자와 내담자 간의 언어적인 상호작용을 통해서 치료자가 내담자로 하여금 어려움을 극복하도록 도와주는 것이 심리치료다." 현대사회에는 심리적 문제나 장애로 인하여 개인적 고통은 물론 대인관계나 직업적 적응에 심각한 어려움을 겪는 사람들이 많다. 특히 개인주의적 경향이 만연하고 경쟁이 치열해지는 현대사회를 살아가는 현대인들은 과거 어떤 시대보다도 심리적 고독과 갈등을 많이 경험하고 있다. 이러한 사회적 변화 속에서, 심리치료는 심리적인 문제와 장애를 지닌 사람을 돕기 위해서 20세기에 새롭게 탄생한 전문분야라고 할 수 있다.

2) 심리치료를 제공하는 정신건강 전문가

심리치료와 심리상담은 정신건강 증진활동으로서 다양한 학문분야의 전문가들이 시행하고 있다. 예컨대, 임상심리사, 상담심리사, 정신과의사, 사회복지사, 간호사 등과 같은 다양한 정신건강 전문가들이 심리치료와 심리상담에 참여하고 있다. 이러한 여러 분야의 정신건강 전문가들은 그들의 교육 및 훈련 배경에 따라 구분되는 경우가 많으나 활동영역이 중첩되는 경우가 많아서 명쾌한 구분이 쉽지 않다.

심리치료와 가장 밀접한 관계를 맺고 있는 학문분야는 정신의학이다. 정신의학은 의학적 모델에 근거하여 정신장애를 연구하고 치료하는 의학의 한 전문분야다. 정신과의사는 정신장애를 치료하는 가장 주된 전문가 집단으로서 20세기에 심리치료가 발달하는 데 크게 기여하였다. 그러나 21세기로 접어들어 많은 정신과의사가 생물의학적 입장에 근거한 정신병리 이론과 약물치료에 치중하면서 심리치료에 대한 관심이 급격하게 감소하였다.

임상심리학은 정신장애에 대한 평가 및 진단과 더불어 심리치료를 주된 역할로 수행하는 정신건강 분야다. 임상심리사는 정신과병원에서 정신장애 환자를 대상으로 한 수련과정을 필수적으로 이수해야 하며 심리진단, 심리치료 및 예방 그리고 연구활동을 수행하는 전문가 집단이다. 한국의 경우에는 보건복지부에서 국가가 공인하는 정신보건 임상심리사 자격증과 한국심리학회에서 공인하는 임상심리전문가 자격증 제도가 시행되고 있다.

상담심리학은 정상적인 적응을 하고 있는 사람들이 생활 속에서 직면하는 다양한 적응문제(예: 진로 및 직업문제, 학업문제, 경미한 심리적 문제 등)의 해결을 도와주는 심리학의 한 분야다. 앞 절에서 언급했듯이, 근래에는 심리치료와 심리상담의 경계가 모호해지면서 많은 상담심리사가 심리장애의 치료에 깊은 관심을 지니고 있다. 최근에는 다양한 기관과 단체에서 전문적인 교육과 훈련 없이 상담심리사 또는 심리상담사라는 명칭의 자격증을 남발하는 현상이 나타나고 있다. 한국심리학회에서 공인하는 상담심리전문가 자격증이 가장 오랜 역사를 지니고 있을 뿐만 아니라 사회적 신뢰도 역시 가장 높다.

사회복지학 분야에서는 정신보건 사회복지사가 주로 정신장애를 유발하는 사회환경적 요인에 주된 관심을 지니며 치료과정에서도 가족과 지역사회의 사회환경적 개입을 하는 정신건강 전문가다. 보건복지부에서 정신보건 사회복지사 자격증을 발급하고 있으며, 많은 사회복지사가 가족치료를 위시한 심리치료와 심리상담 활동에 참여하고 있다. 정신보건 간호사는 주로 정신병동이나 정신보건센터에서 정신장애 환자를 돌보고 간호하는 일을 담당하는 전문 간호사로서 보건복지부에서 정신보건 간호사 자격증을 발급하고 있다. 정신보건 간호사도 정신장애 환자를 간호하는 일과 더불어 심리치료와 심리상담 활동에 참여하고 있다.

3) 심리치료와 약물치료

모든 장애가 그러하듯이, 정신장애 또한 조속히 발견하여 신속하게 치료하는 것이 중요하다. 조기에 발견하여 치료할 수록 적은 비용으로 신속하게 회복될 수 있기 때문이다. 정신장애로 만성화되면, 치료하기도 어려울 뿐만 아니라 치료시간도 오래 걸린다.

정신장애로부터 회복하기 위해서는 효과적인 치료방법을 잘 선택하는 것이 중요하다. 치료의 효과, 치료비용과 시간 등을 고려하여 신중하게 선택하는 것이 중요하다. 어떤 치료를 받느냐에 따라 커다란 차이가 나타날 수 있다. 정신장애를 치료하는 방법은 크게 심리치료와 약물치료가 있다.

약물치료는 생물의학적 이론에 근거한 치료법으로서 뇌중추신경계의 신경전도물질에 영향을 주는 화학물질, 즉 약물을 통해 증상을 완화하는 방법이다. 1950년대 이후 향정신성 약물의 급격한 개발이 이루어져 현재 다양한 정신장애의 치료에 사용되고 있다. 약물치료는 여러 가지 부작용이 따른다는 약점을 지니고 있으나 최근에는 이러한 부작용을 최소화하는 여러 가지 약물이 개발되고 있다. 예컨대, 프로작Prozac은 신경전도물질인 세로토닌의 재흡수를 선택적으로 억제하여 우울 증상을 완화하는 화학물질인 플루옥세틴Fluoxetine의 상표명으로서 우울증 치료에 널리 사용되고 있다. 약물치료는 한국의 경우 정신건강 전문가 중 정신과의사만이 사용할 수 있다.

약물치료는 환자의 입장에서 커다란 노력 없이 비교적 저렴한 가격으로 증상을 완화시킬 수 있다는 점에서 매우 효과적이고 경제적인 치료수단이다. 또한 정신분열증이나 양극성 장애와 같은 심각한 정신장애의 경우에는 약물치료가 필수적이다. 그러나 약물치료는 여러 가지 한계를 지니고 있다. 첫째, 모든 심리적 장애가 약물치료에 의해서 호전되는 것은 아니다. 예컨대, 성격장애를 비롯한 일부 장애의 경우에는 치료약물이 개발되어 있지 않으며, 약물치료에 가장 좋은 반응을 나타내는 우울증의 경우에도 일부의 환자들에게는 약물치료가 도움이 되지 못한다. 약물치료만으로 도움을 줄 수 없는 심리적 문제나 장애가 많다. 둘째, 상당수의 사람들은 약물치료를 원하지 않을 뿐만 아니라 약물치료의 크고 작은 부작용으로 인해서 약물치료를 중단하게 된다. 일부 사람들은 심리적 문제를 지니고 있더라도 자신의 정신세계가 화학물질인 약물에 의해서 영향받는 것을 원하지 않는다. 또한 향정신성 약물은 필연적으로 크고 작은 부작용을 유발하기 때문에 증상은 완화되어도 다른 심리적 · 신체적 기능이 약화되는 희생을 감수해야 한다. 셋째, 심리적 문제와 증상을 약물치료에 의존하게 되면 결국 환자 스스로 심리적 방법을 활용하여 문제 증상에 대처하는 능력을 학습하지 못하거나 손상받을 수 있다. 이러한 이유 때문에 약물치료를 받은 환자는 증상이 재발되어 약물치료를 반복적으로 받게 되는 악순환에 빠질 수 있다. 약물치료의 가장 근본적인 한계는 약물치료가 증상을 완화시킬 뿐 심리적 장애의 원인을 치료하지 못한다는 점이다. 예컨대, 대인기술의 부족이나 피해의식적인 사고경향 때문에 인간관계가 고립되어 우울증에 빠진 사람의 경우, 항우울제를 복용함으로써 침체된 기분과 의욕상실에서 어느 정도 회복될 수는 있으나 대인기술과 피해의식까지 개선되는 것은 아니다.

그러나 약물치료는 증상을 완화시킴으로써 심리적 문제를 개선하고 악화를 방지하는 데 커다란 도움이 될 수 있다. 예컨대, 심한 무기력감과 의욕 상실의 우울 증상을 지닌 사람의 경우, 학업이나 직업과 같은 현실적인 과제를 수행하지 못하고 대인관계를 회피함으로써 문제상황이 더욱 악화될 수 있다. 이 경우에 약물치료는 우울 증상을 호전시킴으로써 최소한의 현실적인 과제를 수행하고 대인관계를 유지할 수 있다. 그러나 우울 증상을 갖게 된 심리적 원인을 밝혀 치유하지 않는 한 항상 재발의 위험이 있을 뿐만 아니라 치유 과정에서 심리적으로 성장할 수 있는 기회를 상실하게 된다.

심리치료와 약물치료는 각기 다른 장점과 한계점을 지니고 있다. 어떤 치료를 선택하느냐는 것은 최종적으로 심리적 문제를 지닌 사람의 판단에 달려 있다. 어떤 치료법도 만병통치적인 것은 아니다. 심리치료와 상담 전문가들도 약물치료에 대한 기본적인 이해가 필요하다. 현실판단력이 현저하게 저하되어 있거나 생물학적 원인이 중요한 역할을 하는 정신장애

(예: 정신분열증, 양극성 장애 등)의 경우에는 입원치료와 더불어 약물치료가 필수적이다. 또한 현실적응을 훼손할 수 있는 심각한 증상을 지니고 있어서 신속하게 증상을 완화시킬 필요가 있거나 심리치료를 통해 호전되기 어려운 조건을 지닌 내담자의 경우에는 약물치료를 받거나 심리치료와 병행하도록 권장하는 것이 바람직하다.

대부분의 심리적 문제와 증상은 개인의 변화와 성장을 요구하는 신호라고 할 수 있다. 즉, 심리적 고통과 증상은 심리적 성장을 위한 진통이다. 자신의 삶의 방식을 되돌아보고 성찰하며 좀 더 효율적인 새로운 변화와 성숙을 촉구하는 지혜로운 마음의 표현이라고 할 수 있다. 심리치료는 이러한 심리적 변화와 성장을 돕는 전문적 활동이다. 약물은 증상을 완화시킬 수 있으나 인간을 성숙시킬 수는 없다. 심리치료는 내담자와의 신뢰로운 관계 속에서 내담자로 하여금 자신의 마음을 바라보며 성찰함으로써 좀 더 행복한 삶을 위한 변화의 노력을 통해 성장하도록 돕는 전문적 활동이라고 할 수 있다. ◆

참고문헌

권석만(2012). 현대 심리치료와 상담 이론. 서울: 학지사.

권석만(2013). 현대 이상심리학(2판). 서울: 학지사.

권석만(2014). 이상심리학의 기초. 서울: 학지사.

조맹제(2011). 2011년도 정신질환실태 역학조사 보고서. 서울: 보건복지부.

American Psychiatric Association. (1994). *Diagnostic and statistical manual of mental disorders* (4th ed.). Washington, DC: Author.

American Psychiatric Association. (2013). *Diagnostic and statistical manual of mental disorders* (5th ed.). Washington, DC: Author.

Beck, A. T. (1976). *Cognitive therapy and emotional disorders.* New York: International Universities Press.

Beck, A. T., Rush, A. J., Shaw, B. F., & Emery, G. (1979). *Cognitive therapy of depression.* New York: Guilford. (원호택 등 공역. 《우울증의 인지치료》. 서울: 학지사, 1996).

Brenner, C. (1955). *An elementary textbook of psychoanalysis.* New York: International Universities Press.

Garfield, S. L. (1995). *Psychotherapy: An eclectic-integrative approach.* New York: John Wiley and Son.

Kring, A., Davison, G. C., Neale, J. M., & Johnson, S. (2009). *Abnormal psychology* (11th ed.). New York: John Wiley & Sons.

Rogers, C. R. (1951). *Client-centered therapy*. Boston: Houghton Mifflin.

Rogers, C. R. (1961). *On becoming a person*. Boston: Houghton Mifflin.

Wolberg, L. R. (1977). *The technique of psychotherapy* (3rd ed.). New York: Grune & Stratton.

찾아보기

《인 명》

《내 용》

◎ 저자 소개

권석만(Kwon, Seok-Man)

서울대학교 심리학과를 졸업하고 동 대학원에서 임상심리학 석사과정을 이수한 후 서울대학교병원 신경정신과에서 임상심리연수원 과정을 수료하였으며, 오스트레일리아의 퀸즐랜드 대학교에서 철학박사학위(임상심리학 전공)를 취득하였다. 현재 서울대학교 심리학과 교수로 재직하고 있으며, (사)서울대학교출판문화원 원장을 맡고 있다. 서울대학교 학생생활연구소 상담부장, 대학생활문화원장, 사회과학대학 부학장, 한국임상심리학회 회장을 역임한 바 있다. 한국심리학회 공인 임상심리전문가이자 보건복지부 공인 정신보건 임상심리사(1급)이며, 주요 저서로는 『현대 성격심리학』 『현대 이상심리학』(2판), 『이상심리학의 기초』 『현대 심리치료와 상담 이론』 『긍정심리학: 행복의 과학적 탐구』 『인간의 긍정적 성품: 긍정심리학의 관점』 『젊은이를 위한 인간관계의 심리학』(개정증보판) 등이 있고, 주요 역서로는 『마음읽기: 공감과 이해의 심리학』 『아론 벡: 인지치료의 창시자』 『정신분석적 사례이해』(공역), 『정신분석적 심리치료』(공역), 『단기 심리치료』(공역) 등이 있다.

ABNORMAL PSYCHOLOGY 1

이상심리학 총론 이상심리와 정신장애의 이해

Introduction to Abnormal Psychology

2016년 3월 30일 2판 1쇄 발행
2023년 8월 10일 2판 4쇄 발행

지은이 • 권 석 만
펴낸이 • 김 진 환
펴낸곳 • (주) 학지사

04031 서울특별시 마포구 양화로 15길 20 마인드월드빌딩 5층

대표전화 • 02) 330-5114 팩스 • 02) 324-2345

등록번호 • 제313-2006-000265호

홈페이지 • http://www.hakjisa.co.kr
인스타그램 • https://www.instagram.com/hakjisabook/

ISBN 978-89-997-1000-1 (set)
ISBN 978-89-997-1001-8 94180

정가 9,500원

학지사는 깨끗한 마음을 드립니다

이상심리학 시리즈

01 이상심리학 총론
이상심리와 정신장애의 이해
권석만 지음

02 우울증
침체와 절망의 늪
권석만 지음

03 양극성 장애
기분의 상승과 하락을 반복하는 사람들
조용래 · 김빛나 지음

04 범불안장애
과도한 걱정과 불길한 기대
이용승 지음

05 공황장애
공황, 그 숨 막히는 공포
박현순 지음

06 강박장애
헤어날 수 없는 반복의 굴레
이용승 · 이한주 지음

07 사회불안장애
남 앞에 나서기가 힘들어요
김은정 지음

08 특정공포증
별것도 아닌데 왜 이렇게 두려울까
김은정 · 이지영 지음

09 외상후 스트레스 장애
충격적 경험의 후유증
김 환 지음

10 정신분열증
현실을 떠나 환상으로
이훈진 · 이준득 지음

11 신체 증상 및 관련장애
아무 이유도 없이 몸이 아프다면
신현균 지음

12 해리장애
'나'를 잃어버린 사람들
도상금 지음

13 섭식 장애
먹는 것 뒤에 가려진 심리적 문제
김정욱 지음

14 불면증
잠 못 이루는 밤의 불청객
서수균 지음

15 성기능 장애
침실 속의 남모르는 고민
하승수 지음

16 성도착 장애와 성불편증
비뚤어진 성의 노예
신희천 지음

학지사는 깨끗한 마음을 드립니다